AF391556

Institution de

LE FÉNÉLON

DES

CLASSES ÉLÉMENTAIRES,

MANUEL

D'INSTRUCTION ET D'ÉDUCATION

*Sur le Télémaque, les Fables, l'Histoire naturelle
et les Préceptes d'éducation,*

DE FÉNÉLON,

Destiné à servir de livre de lecture.

PAR A. DE FONTAINE DE RESBECQ.

Nouvelle Édition.

PARIS.

LIBRAIRIE ECCLÉSIASTIQUE, CLASSIQUE, ÉLÉMENTAIRE

DE ÉDOUARD TÉTU ET CIE,

Rue Jean-Jacques Rousseau, 3.

A l'Élève

LE FÉNÉLON

DES CLASSES ÉLÉMENTAIRES.

On trouve à la même Librairie.

Manuel de Piété à l'usage des Jeunes Gens, ou
Recueil d'instructions ou de prières pour sanc-
tifier les principales actions de la vie chrétienne,
par M. *l'abbé* D. Pinart, approuvé par Mgr l'é-
vêque de Beauvais. 1 vol. grand in-32, de plus
de 400 pages : prix, broché...... **1 fr. 25 c.**
Relié en basane gaufrée........ **2**

Manuel de Piété à l'usage des Jeunes Personnes,
par M. *l'abbé* D. Pinart, approuvé par Mgr l'é-
vêque de Beauvais. 1 vol. gr. in-32, de plus de
400 pages ; prix, broché......... **1 fr. 25 c.**
Relié en basane gaufrée...... **2**

Petit Paroissien de la Jeunesse, contenant l'office
des dimanches et des principales fêtes de l'année
en latin et en français, à l'usage de Paris et de
Rome, mis en ordre par *M. l'abbé* D. Pinart,
approuvé par M. l'évêque de Beauvais. 1 vol.
gr. in-32, relié en basane gaufrée **1 fr. 50 c.**

**Monsieur Lambert, ou Beautés, plaisirs et tra-
vaux de la campagne.** Ouvrage destiné à servir
de livre de lecture courante, par Al. de Saillet.
1 vol. in-12, cart.; prix................ **1 fr.**

Monsieur Marcel, ou l'Ami de la Jeunesse, *livre
de lecture courante, approuvé* par la *Société de
la Morale chrétienne,* par les *Comités d'instruction élémentaire, et couronné* par l'Académie
royale de la Jeunesse, par *MM. H. Arnoul et A.
Humbert.* 1 vol. in-12 de 288 pages; prix,
cart........................... **1 fr. 25 c.**

Manuel des Enfants, *lectures graduées morales et
instructives,* à l'usage des familles chrétiennes,
par M. de Saint-Surin; ouvrage *approuvé par
Mgr l'Archevêque de Paris,* couronné par
l'Académie Française, et autorisé par l'Université. 1 vol. in-18, orné d'une gravure;
prix, cartonné .... **75 c.**

Imprimerie Dondey-Dupré, rue Saint-Louis, 46, au Marais.

LE
FÉNÉLON

DES

CLASSES ÉLÉMENTAIRES,

Manuel

D'INSTRUCTION ET D'ÉDUCATION

Sur le Télémaque, les fables, l'histoire naturelle et les préceptes d'éducation,

DE FÉNÉLON,

Destiné à servir de livre de lecture dans les classes élémentaires.

PAR A. DE FONTAINE DE RESBECQ.

Troisième Édition.

PARIS,

LIBRAIRIE ECCLÉSIASTIQUE, CLASSIQUE, ÉLÉMENTAIRE

DE **ÉDOUARD TETU** ET Cie,

Rue Jean-Jacques Rousseau, n. 3.

—

1844

Petite Histoire Sainte, approuvée par Mgr. l'Archevêque
de Paris, par S. E. le Cardinal de LATOUR D'AUVERGNE,
Évêque d'Arras, et par NN. SS. les Évêques de Langres,
de Cambrai, d'Amiens, de Saint-Dié et de Beauvais,
et autorisée par l'Université ; par F. ANSART. 1 vol.
in-18, cart.   75 c.

Vie de Notre-Seigneur Jésus-Christ, approuvée par
Mgr. l'Archevêque de Paris, par S. E. le Cardinal de
LATOUR D'AUVERGNE, Évêque d'Arras, et par NN. SS.
les Évêques de Langres, de Cambrai, d'Amiens, de
Saint-Dié et de Beauvais, et autorisée par l'Université;
par le même. 1 vol. in-18. Prix cart.   75 c.

Petite Histoire de France, depuis l'établissement de
la Monarchie jusqu'à nos jours ; par le même. 1 vol.
in-18, orné des portraits des rois de France, de cartes
géographiques et de questionnaires, prix cart. 75 c.
Ouvrage autorisé par l'Université.

Nouveau traité d'Arithmétique décimale, renfermant
350 problèmes destinés à servir d'exercices aux élèves
des Classes Élémentaires ; par J. GEORGE, fils, nouv. éd.
augmentée de questionnaires. 1 vol. in-18, cart. 75 c.

Exercices et Problèmes de l'Arithmétique décimale,
suivis de leurs réponses et solutions raisonnées, par
le même. 1 vol. in-18, nouvelle édition. prix br. 60 c.

Le petit Dictionnaire usuel de la langue française, à l'u-
sage des Classes Élémentaires, renfermant tous les mots
du langage usuel, avec l'orthographe de l'Académie,
l'indication du pluriel des noms et des adjectifs qui
présentent quelque difficulté, leur prononciation, etc.,
par M. BESCHERELLE AÎNÉ. 1 v. in-18, 1844. cart. 1 fr. 50 c.

———

Tout exemplaire non revêtu de notre griffe
sera réputé contrefait.

Le Fénélon

———

Le caractère de l'immortel auteur du Télémaque est trop connu pour que l'on se méprenne sur nos intentions en lisant le titre de ce petit ouvrage.

Fénélon est l'instituteur par excellence; ses historiens nous le peignent doué d'une éloquence naturelle, douce, fleurie, d'une élocution facile, nette, agréable, embellie de cette clarté nécessaire pour se faire entendre dans les matières les plus embarrassées et les plus abstraites; avec cela, un homme qui ne voulait jamais avoir plus d'esprit que ceux à qui il parlait; qui se mettait à la portée de chacun, sans le faire jamais sentir; qui les mettait à l'aise, et qui semblait enchanter;

de façon qu'on ne pouvait le quitter, ni s'en défendre, ni ne pas chercher à le retrouver.

L'éducation de M. le Duc de Bourgogne, son élève, ne saurait, sans doute, être offerte exactement pour modèle à des enfants d'une condition si différente ; mais elle montre le pouvoir d'un instituteur tel que Fénélon. L'enfant confié à ses soins était appelé à régner, et Fénélon voyait dans cet enfant la France entière.

Il ne se prescrivit qu'une seule règle, celle d'observer à chaque moment le caractère du jeune prince, de suivre avec une attention calme toutes les variations et tous les écarts de ce tempérament fougueux, et de faire toujours ressortir la leçon de la faute même. Les fables que Fénélon écrivait pour le Duc de Bourgogne se rapportaient presque toujours à un fait qui venait de se passer, et dont l'impression encore récente ne lui permettait pas d'éluder l'application.

Nous prenons Fénélon pour l'instituteur modèle, et assurément si ce vertueux Évêque revenait sur la terre, il ne répudierait pas l'usage que nous faisons de son nom en le destinant à la jeunesse de son pays.

Fénélon, dit son historien, reconnut bientôt que la partie de l'éducation qui excite ordinairement le plus le zèle des instituteurs et l'amour-propre des parents, *l'instruction*, serait celle qui lui donnerait le moins de peine.

Si l'on veut connaître la méthode de Fénélon, on n'a qu'à lire, ainsi que nous l'avons dit plus haut, les fables et les dialogues qu'il écrivit pour le jeune prince. Chacune de ses fables, chacun de ses dialogues fut composé dans le moment même où l'instituteur le jugeait utile.

LE FÉNÉLON

DES

CLASSES ÉLÉMENTAIRES.

EXERCICES

SUR

QUELQUES MORCEAUX CHOISIS DE TÉLÉMAQUE.

Les aventures de Télémaque, mes chers enfants, que vous lirez en entier dans un âge plus avancé, furent composées par Fénélon pour l'instruction de son élève, le Duc de Bourgogne. —Ce livre est écrit avec tant de charme, qu'il est encore le premier livre que l'on donne à l'enfance et à la jeunesse. Il ne s'ensuit pas de là que le Télémaque ne soit bon que pour les enfants. Les personnes les plus avancées se plaisent à le relire. Et il est probable que si vous êtes studieux, vous éprouverez le même agrément. Télémaque est un jeune prince destiné à régner, et que Fénélon, par une ingénieuse fiction, fait voyager parmi les peuples, sous l'égide d'un vieillard appelé Mentor, qui n'est autre que la Sagesse même. Ce sont des extraits de ce livre admirable que nous allons vous offrir. Cette lecture peut d'autant mieux flatter votre vanité, que tout ce qu'elle contient est à votre portée, malgré l'élévation du style et la sagesse des pensées.

Il n'est pas besoin de vous dire que ce livre est dû tout entier à l'imagination de l'auteur, qui, dans les peintures les plus gracieuses, nous offre des détails pleins d'intérêt.

DESCRIPTION DE LA GROTTE ET DE L'ILE DE CALYPSO.

On arriva à la porte de la grotte de Calypso, où Télémaque fut surpris de voir, avec une apparence de simplicité rustique, tout ce qui peut charmer les yeux. On n'y voyait ni or ni argent, ni marbre ni colonnes, ni tableaux ni statues; cette grotte était taillée dans le roc, en voûtes pleines de rocailles et de coquilles; elle était tapissée d'une jeune vigne qui étendait ses branches souples également de tous côtés. Les doux zéphyrs conservaient en ce lieu, malgré les ardeurs du soleil, une délicieuse fraîcheur; des fontaines, coulant avec un doux murmure sur des prés semés d'amarantes et de violettes, formaient en divers lieux des bains aussi purs et aussi clairs que le cristal; mille fleurs naissantes émaillaient les tapis verts dont la grotte était environnée. Là on trouvait un bois de ces arbres touffus qui portent des pommes d'or, et dont la fleur, qui se renouvelle toutes les saisons, répand le plus doux de tous les parfums; ce bois semblait couronner ces belles prairies, et formait une nuit que les rayons du soleil ne pouvaient percer. Là on n'entendait jamais que le chant des oiseaux, ou le bruit d'un ruisseau qui, se précipitant du haut d'un rocher, tombait à gros bouillons pleins d'écume, et s'enfuyait au travers de la prairie.

La grotte de la déesse était sur le penchant d'une colline. De là on découvrait la mer, quelquefois claire et unie comme une glace, quelquefois follement irritée contre les rochers où elle se brisait en gémissant, et élevant ses vagues comme des montagnes. D'un autre côté,

on voyait une rivière où se formaient des îles
bordées de tilleuls fleuris et de hauts peupliers,
qui portaient leurs têtes superbes jusque dans
les nues. Les divers canaux qui formaient ces
îles semblaient se jouer dans la campagne : les
uns roulaient leurs eaux claires avec rapidité ;
d'autres avaient une eau paisible et dormante ;
d'autres, par de longs détours, revenaient sur
leurs pas, comme pour remonter vers leur
source, et semblaient ne pouvoir quitter ces
bords enchantés. On apercevait de loin des collines et des montagnes qui se perdaient dans
les nues, et dont la figure bizarre formait un
horizon à souhait pour le plaisir des yeux. Les
montagnes voisines étaient couvertes de pam-
pres verts, qui pendaient en festons. Le raisin,
plus éclatant que la pourpre, ne pouvait se cacher
sous les feuilles, et la vigne était accablée sous
son fruit. Le figuier, l'olivier et le grenadier,
et tous les autres arbres, couvraient la campagne et en faisaient un grand jardin.

Les Phéniciens.

Je profitai de mon séjour à Tyr pour connaître les mœurs des Phéniciens, si célèbres dans toutes les nations connues. J'admirai l'heureuse situation de cette grande ville, qui est au milieu de la mer, dans une île. La côte est délicieuse par sa fertilité, par les fruits exquis qu'elle porte, par le nombre de villes et de villages qui se touchent presque, enfin par la douceur de son climat, car les montagnes mettent cette côte à l'abri des vents brûlants du midi ; elle est rafraîchie par le vent du nord, qui souffle du côté de la mer. Ce pays est auprès du Liban, dont le sommet fend les nues et va toucher les astres. Une glace éternelle couvre son front : des fleuves pleins de neiges tombent comme des torrents des pointes de rochers qui environnent sa tête. Au-dessous on voit une vaste forêt de cèdres antiques, qui paraissent aussi vieux que la terre où ils sont plantés, et qui portent leurs branches épaisses jusque vers les nues. Cette forêt a sous ses pieds de gras pâturages dans la pente de la montagne. C'est là qu'on voit errer les taureaux qui mugissent, les brebis qui bêlent avec leurs tendres agneaux

bondissant sur l'herbe : là coulent mille ruisseaux d'une eau claire. Enfin , on voit au-dessous de ces pâturages le pied de la montagne,
qui est comme un jardin : le printemps et l'automne y règnent ensemble pour y joindre les
fleurs et les fruits. Jamais ni le souffle empesté
du midi, qui sèche et qui brûle tout, ni le rigoureux aquilon, n'ont osé effacer les vives couleurs qui ornent ce jardin.

C'est auprès de cette belle côte que s'élève
dans la mer l'île où est bâtie la ville de Tyr.
Cette grande ville semble nager au-dessus des
eaux et être la reine de toute la mer. Les marchands y abordent de toutes les parties du monde,
et ses habitants sont eux-mêmes les plus fameux
marchands qu'il y ait dans l'univers. Quand on
entre dans cette ville, on croit d'abord que ce
n'est point une ville qui appartienne à un peuple particulier, mais qu'elle est la ville commune
de tous les peuples et le centre de leur commerce. Elle a deux grands môles semblables à
deux bras qui s'avancent dans la mer , et qui
embrassent un vaste port, où les vents ne peuvent entrer. Dans ce port, on voit comme une
forêt de mâts de navires ; et ces navires sont si
nombreux, qu'à peine peut-on découvrir la mer
qui les porte. Tous les citoyens s'appliquent

au commerce , et leurs grandes richesses ne les dégoûtent jamais du travail nécessaire pour les augmenter. On y voit de tous les côtés le fin lin d'Égypte et la pourpre tyrienne deux fois teinte d'un éclat merveilleux : cette double teinture est si vive, que le temps ne peut l'effacer ; on s'en sert pour les laines fines qu'on rehausse d'une broderie d'or et d'argent. Les Phéniciens font le commerce de tous les peuples jusqu'au détroit de Gades, et ils ont même pénétré dans le vaste océan qui environne toute la terre. Ils ont fait aussi de longues navigations sur la mer Rouge, et c'est par ce chemin qu'ils vont cher— cher, dans des îles inconnues, de l'or, des par— fums, et divers animaux qu'on ne voit point ailleurs.

Je ne pouvais rassasier mes yeux du specta— cle magnifique de cette grande ville, où tout était en mouvement. Je n'y voyais point, comme dans toutes les villes de la Grèce, des hommes oisifs et curieux , qui vont chercher des nou— velles dans la place publique, ou regarder les étrangers qui arrivent sur le port. Les hommes sont occupés à décharger leurs vaisseaux , à transporter leurs marchandises, ou à les ven— dre, à ranger leurs magasins et à tenir un compte exact de ce qui leur est dû par les négociants étrangers. Les femmes ne cessent jamais ou de filer les laines, ou de faire des dessins de broderie, ou de plier les riches étoffes.

D'où vient, disais-je à Narbal, que les Phéniciens se sont rendus les maîtres du commerce de toute la terre, et qu'ils s'enrichissent ainsi aux dépens de tous les autres peuples? Vous le voyez, me répondit-il, la situation de Tyr est heureuse pour le commerce. C'est notre patrie qui a la gloire d'avoir inventé la navigation : les Tyriens furent les premiers, s'il faut en croire ce qu'on raconte de la plus obscure antiquité, qui domptèrent les flots, longtemps avant l'âge de Thypis et des Argonautes tant vantés dans la Grèce; ils furent, dis-je, les premiers qui osèrent se mettre, dans un frêle vaisseau, à la merci des vagues et des tempêtes; qui sondèrent les abîmes de la mer; qui observèrent les astres loin de la terre, suivant la science des Égyptiens et des Babyloniens; enfin qui réunirent tant de peuples que la mer avait séparés. Les Tyriens sont industrieux, patients, laborieux, propres, sobres et ménagers; ils ont une exacte police; ils sont parfaitement d'accord entre eux; jamais peuple n'a été plus constant, plus fidèle, plus sûr, plus commode à tous les étrangers.

Voilà, sans aller chercher d'autre cause , ce qui leur donne l'empire de la mer , et qui fait fleurir dans leur port un si utile commerce. Si la division et la jalousie se mettaient entre eux ; s'ils commençaient à s'amollir dans les délices et dans l'oisiveté ; si les premiers de la nation méprisaient le travail et l'économie ; si les arts cessaient d'être en honneur dans leur ville ; s'ils manquaient de bonne foi envers les étrangers ; s'ils altéraient tant soit peu les règles d'un commerce libre ; s'ils négligeaient leurs manufactures , et s'ils cessaient de faire les grandes avances qui sont nécessaires pour rendre leurs marchandises parfaites , chacune dans son genre, vous verriez bientôt tomber cette puissance que vous admirez.

Mais expliquez-moi, lui disais-je, les vrais moyens d'établir un jour à Ithaque un pareil commerce. Faites, me répondit-il , comme on fait ici : recevez bien et facilement tous les étrangers ; faites-leur trouver dans vos ports la sûreté, la commodité, la liberté entière ; ne vous laissez jamais entraîner ni par l'avarice ni par l'orgueil. Le vrai moyen de gagner beaucoup est de ne vouloir jamais trop gagner, et de savoir perdre à propos. Faites-vous aimer par tous les étrangers ; souffrez même quelque chose d'eux; craignez d'exciter leur jalousie par votre hauteur. Soyez constant dans les règles du commerce ; qu'elles soient simples et faciles; accoutumez vos peuples à les suivre inviolablement; punissez sévèrement la fraude, et même la négligence ou le faste des marchands, qui ruine le commerce en ruinant les hommes qui le font.

TABLEAU DE L'ÉGYPTE SOUS SÉSOSTRIS.

Si la douleur de notre captivité ne nous eût rendus insensibles à tous les plaisirs, nos yeux auraient été charmés de voir cette fertile terre d'Égypte, semblable à un jardin délicieux, arrosé d'un nombre infini de canaux. Nous ne pouvions jeter les yeux sur les deux rivages sans apercevoir des villes opulentes, des maisons de campagne agréablement situées, des terres qui se couvraient tous les ans d'une moisson dorée, sans se reposer jamais, des prairies pleines de troupeaux, des laboureurs qui étaient accablés sous le poids des fruits que la terre épanchait de son sein, des bergers qui faisaient répéter les doux sons de leurs flûtes et de leurs chalumeaux à tous les échos d'alentour.

Heureux, disait Mentor, le peuple qui est conduit par un sage roi! il est dans l'abondance, il vit heureux et aime celui à qui il doit tout son bonheur. C'est ainsi, ajouta-t-il, ô Télémaque! que vous devez régner et faire la joie de vos peuples, si jamais les dieux vous font posséder le royaume de votre père. Aimez vos peuples comme vos enfants; goûtez le plaisir d'être aimé d'eux, et faites qu'ils ne puissent jamais sentir la paix et la joie sans se ressouvenir que c'est un bon roi qui leur a fait ces riches présents. Les rois qui ne songent qu'à se faire craindre et qu'à abattre leurs sujets pour les rendre plus soumis sont les fléaux du genre humain. Ils sont craints comme ils le veulent être; mais ils sont haïs, détestés, et ils ont encore plus à craindre de leurs sujets que leurs sujets n'ont à craindre d'eux. . . . .
. . . . Ensuite Mentor me faisait remarquer la joie et l'abondance répandues dans toute la campagne d'Égypte, où l'on comptait jusqu'à vingt-deux mille villes. Il admirait la bonne police de ces villes; la justice exercée en faveur du pauvre contre le riche;

la bonne éducation des enfants, qu'on accoutumait à l'obéissance, au travail, à la sobriété, à l'amour des arts ou des lettres; l'exactitude pour toutes les cérémonies de la religion; le désintéressement, le désir de l'honneur, la fidélité pour les hommes et la crainte pour les dieux, que chaque père inspirait à ses enfants; il ne se laissait point d'admirer ce bel ordre. Heureux, me disait-il sans cesse, le peuple qu'un sage roi conduit ainsi! mais encore plus heureux le roi qui fait le bonheur de tant de peuples, et qui trouve le sien dans sa vertu! Il tient les hommes par un lien cent fois plus fort que celui de la crainte, c'est celui de l'amour. Non-seulement on lui obéit, mais encore on aime à lui obéir. Il règne dans tous les cœurs; chacun, bien loin de vouloir s'en défendre, craint de le perdre et donnerait sa vie pour lui.

Le Cortége d'Amphitrite.

Pendant qu'Hazaël et Mentor parlaient, nous aperçûmes des dauphins couverts d'une écaille qui paraissait d'or et d'azur; en se jouant, ils soulevaient les flots avec beaucoup d'écume. Après eux venaient les tritons, qui sonnaient de la trompette avec leurs conques recourbées. Ils environnaient le char d'Amphitrite, traîné par des chevaux marins plus blancs que la neige, et qui, fendant l'onde salée, laissaient derrière eux un vaste sillon dans la mer. Leurs yeux étaient enflammés, et leurs bouches étaient fumantes. Le char de la déesse était une conque d'une merveilleuse figure ; elle était d'une blancheur plus éclatante que l'ivoire, et les roues étaient d'or. Ce char semblait voler sur la surface des eaux paisibles. Une troupe de nymphes couronnées de fleurs nageaient en foule derrière le char: leurs beaux cheveux pendaient sur leurs épaules et flottaient au gré du vent. La déesse tenait d'une main un sceptre d'or pour commander aux vagues; de l'autre, elle portait sur ses genoux le petit dieu Palémon, son fils, pendant à sa mamelle. Elle avait un visage serein et une douce majesté, qui faisaient fuir les vents séditieux et toutes les noires tempêtes. Les tritons conduisaient les chevaux et tenaient les rênes dorées. Une grande voile de pourpre flottait dans l'air au-dessus du char; elle était à demi enflée par le souffle d'une multitude de petits zéphyrs qui s'efforçaient de la pousser par leurs haleines. On voyait, au milieu des airs, Eole empressé, inquiet et ardent. Son visage ridé et chagrin, sa voix menaçante, ses sourcils épais et pendants, ses yeux pleins d'un feu sombre et austère, tenaient en silence les fiers aquilons, et repoussaient tous les nuages. Les immenses baleines et tous les monstres marins, faisant avec leurs narines un flux et reflux de l'onde amère, sortaient à la hâte de leurs grottes profondes pour voir la déesse.

L'Ile de Crète.

Mentor nous dit qu'il avait été autrefois en Crète, et il nous expliqua ce qu'il en connaissait. Cette île, nous dit-il, admirée de tous les étrangers, et fameuse par ses cent villes, nourrit sans peine tous ses habitans, quoiqu'ils soient innombrables. C'est que la terre ne se lasse jamais de répandre ses biens sur ceux qui la cultivent. Son sein fécond ne peut s'épuiser; plus il y a d'hommes dans un pays, pourvu qu'ils soient laborieux, plus ils jouissent de l'abondance: ils n'ont jamais besoin d'être jaloux les uns des autres. La terre, cette bonne mère , multiplie ses dons selon le nombre de ses enfants , qui méritent ses fruits par leur travail. L'ambition et l'avarice des hommes sont les seules sources de leur malheur : les hommes veulent tout avoir , et ils se rendent malheureux par le désir du superflu ; s'ils voulaient vivre simplement et se contenter de satisfaire aux besoins, on verrait partout l'abondance, la joie, la paix et l'union.

C'est ce que Minos , le plus sage et le meilleur de tous les rois, avait compris. Tout ce que vous verrez de plus merveilleux dans cette île est le fruit de ses lois. L'éducation qu'il faisait donner aux enfants rend les corps sains et robustes. On les accoutume d'abord à une vie simple, frugale et laborieuse ; on suppose que toute volupté amollit le corps et l'esprit ; on ne leur propose jamais d'autre plaisir que celui d'être invincibles par la vertu, et d'acquérir beaucoup de gloire. On ne met pas seulement ici le courage à mépriser la mort dans les dangers de la guerre, mais encore à fouler aux pieds les trop grandes richesses et les plaisirs honteux. Ici on punit trois vices qui sont impunis chez les autres peuples , l'ingratitude , la dissimulation et l'avarice.

Pour le faste et la mollesse, on n'a jamais besoin de les réprimer , car ils sont inconnus en Crète. Tout le monde y travaille , et personne ne songe à s'y enrichir; chacun se croit assez payé de son travail par une vie douce et réglée, où l'on jouit en paix , et avec abondance , de tout ce qui est véritablement nécessaire à la vie. On n'y souffre ni meubles précieux, ni habits magnifiques, ni festins délicieux, ni palais dorés. Les habits sont de laines fines et de belles couleurs , mais tout unis sans broderie. Les repas y sont sobres; on y boit peu de vin ; le bon pain en fait la principale partie, avec les fruits que les arbres offrent comme d'eux-mêmes, et le lait des troupeaux. Tout au plus on y mange un peu de grosse viande sans ragoût, encore même a-t-on soin de réserver ce qu'il y a de meilleur dans les grands troupeaux de bœufs pour faire fleurir l'agriculture. Les maisons y sont propres, commodes, riantes, mais sans ornements. La superbe architecture n'y est pas ignorée, mais elle y est réservée pour les temples des dieux, et les hommes n'oseraient avoir des maisons semblables à celles des immortels. Les grands biens des Crétois sont la santé, la force, le courage, la paix et l'union des familles , la liberté de tous les citoyens, l'abondance des choses nécessaires, le mépris des superflues ; l'habitude du travail et l'horreur de l'oisiveté ; l'émulation pour la vertu, la soumission aux lois et la crainte des justes dieux.

La Bétique.

Cependant Télémaque dit à Adoam : Je me souviens que vous m'avez parlé d'un voyage que vous fîtes dans la Bétique depuis que nous fûmes partis d'Égypte. La Bétique est un pays dont on raconte tant de merveilles, qu'à peine peut-on les croire. Daignez m'apprendre si tout ce qu'on en dit est vrai. Je serai fort aise, dit Adoam, de vous dépeindre ce fameux pays, digne de votre curiosité, et qui surpasse tout ce que la renommée en publie. Aussitôt il commença ainsi :

Le fleuve Bétis coule dans un pays fertile, et sous un ciel doux, qui est toujours serein. Le pays a pris le nom du fleuve, qui se jette dans le grand Océan, assez près des colonnes d'Hercule, et de cet endroit où la mer furieuse, rompant ses digues, sépara autrefois la terre de

Tarsis d'avec la grande Afrique. Ce pays semble avoir conservé les délices de l'âge d'or. Les hivers sont tièdes, et les rigoureux aquilons n'y soufflent jamais. L'ardeur de l'été y est toujours tempérée par des zéphyrs rafraîchissants, qui viennent adoucir l'air vers le milieu du jour. Ainsi toute l'année n'est qu'un heureux hymen du printemps et de l'automne, qui semblent se donner la main. La terre, dans les vallons et dans les campagnes unies, y porte chaque année une double moisson. Les chemins y sont bordés de lauriers, de grenadiers, de jasmins, et d'autres arbres toujours verts et toujours fleuris. Les montagnes sont couvertes de troupeaux qui fournissent des laines fines, recherchées de toutes les nations connues. Il y a plusieurs mines d'or et d'argent dans ce beau pays; mais les habitants, simples et heureux dans leur simplicité, ne daignent pas seulement compter l'or et l'argent parmi leurs richesses; ils n'estiment que ce qui sert véritablement aux besoins de l'homme.

Quand nous avons commencé à faire notre commerce chez ces peuples, nous avons trouvé l'or et l'argent parmi eux employés aux mêmes usages que le fer; par exemple, pour des socs de charrue. Comme ils ne faisaient aucun commerce au dehors, ils n'avaient besoin d'aucune monnaie. Ils sont presque tous bergers ou laboureurs. On voit en ce pays peu d'artisans : car ils ne veulent souffrir que les arts qui servent aux véritables nécessités des hommes ; encore même la plupart des hommes, en ce pays, étant adonnés à l'agriculture ou à conduire des troupeaux, ne laissent pas d'exercer les arts nécessaires pour leur vie simple et frugale.

DISCOURS DES DÉPUTÉS MANDURIENS AU ROI IDOMÉNÉE.

O roi ! nous tenons, comme tu vois, dans une main l'épée, et dans l'autre une branche d'olivier. (En effet, ils tenaient l'une et l'autre dans leurs mains.) Voilà la paix et la guerre ; choisis. Nous aimerions mieux la paix : c'est pour l'amour d'elle que nous n'avons point eu honte de te céder le doux rivage de la mer, où le soleil rend la terre fertile, et produit tant de fruits délicieux. La paix est plus douce que tous ces fruits ; c'est pour elle que nous nous sommes retirés dans ces hautes montagnes toujours couvertes de glaces et de neige, où l'on ne voit jamais ni les fleurs du printemps ni les riches fruits de l'automne. Nous avons horreur de cette brutalité qui, sous de beaux noms d'ambition et de gloire, va follement ravager les provinces et répand le sang des hommes, qui sont tous frères. Si cette fausse gloire te touche, nous n'avons garde de te l'envier; nous te plaignons, et nous prions les dieux de nous préserver d'une fureur semblable. Si les sciences que les Grecs apprennent avec tant de soin et si la politesse dont ils se piquent ne leur inspirent que cette détestable injustice, nous nous croyons trop heureux de n'avoir point ces avantages. Nous nous ferons gloire d'être toujours ignorants et barbares, mais justes, humains, fidèles, désintéressés, accoutumés à nous contenter de peu et à mépriser la vaine délicatesse qui fait qu'on a besoin d'avoir beaucoup. Ce que nous estimons, c'est la santé, la frugalité, la liberté, la vigueur de corps et d'esprit; c'est l'amour de la vertu, la crainte des dieux, le bon naturel pour nos proches, l'attachement à nos amis, la fidélité pour tout le monde, la modération dans la prospérité, la fermeté dans les malheurs, le courage pour dire toujours hardiment la vérité, l'horreur de la flatterie. Voilà quels sont les peuples que nous t'offrons pour voisins et pour alliés. Si les dieux irrités t'aveuglent jusqu'à te faire refuser la paix, tu apprendras, mais trop tard, que les gens qui aiment par modération la paix sont les plus redoutables dans la guerre.

DISCOURS DE MENTOR SUR LA GUERRE.

Tout à coup Mentor dit aux rois et aux capitaines assemblés : Désormais, sous divers noms et divers chefs, vous ne serez plus qu'un seul peuple. C'est ainsi que les justes dieux, amateurs des hommes qu'ils ont formés, veulent être le lien éternel de leur parfaite concorde. Tout le genre humain n'est qu'une famille dispersée sur la face de toute la terre. Tous les peuples sont frères, et doivent s'aimer comme tels. Malheur à ces impies qui cherchent une gloire cruelle dans le sang de leurs frères, qui est leur propre sang !

La guerre est quelquefois nécessaire, il est vrai ; mais c'est la honte du genre humain qu'elle soit inévitable en certaines occasions. O rois ! ne dites point que l'on doit la désirer pour acquérir de la gloire. La vraie gloire ne se trouve point hors de l'humanité. Quiconque préfère sa propre gloire aux sentiments de l'humanité est un monstre d'orgueil, et non pas un homme ! il ne parviendra même qu'à une fausse gloire, car la vraie ne se trouve que dans la modération et dans la bonté. On pourra le flatter pour contenter sa vanité folle ; mais on dira toujours de lui en secret, quand on voudra parler sincèrement : Il a d'autant moins mérité la gloire qu'il l'a désirée avec une passion injuste ; les hommes ne doivent point l'estimer, puisqu'il a si peu estimé les hommes et qu'il a prodigué leur sang par une brutale vanité. Heureux le roi qui aime son peuple, qui en est aimé, qui se confie en ses voisins, et qui a leur confiance ; qui, loin de leur faire la guerre, les empêche de l'avoir entre eux, et qui fait envier à toutes les nations étrangères le bonheur qu'ont ses sujets de l'avoir pour roi !

Mentor, voyant cette campagne désolée, dit au roi : La terre ne demande ici qu'à enrichir les habitants ; mais les habitants manquent à la terre. Prenons donc tous ces artisans superflus qui sont dans la ville, et dont les métiers ne serviraient qu'à dérégler les mœurs, pour leur faire cultiver ces plaines et ces collines. Il est vrai que c'est un malheur, que tous ces hommes exercés à des arts qui demandent une vie sédentaire ne soient point exercés au travail; mais voici un moyen d'y remédier. Il faut partager entre eux les terres vacantes, et appeler à leur secours des peuples voisins qui feront sous eux le plus rude travail. Ces peuples le feront, pourvu qu'on leur promette des récompenses convenables sur les fruits des terres mêmes qu'ils défricheront; ils pourront, dans la suite, en posséder une partie, et être ainsi incorporés à votre peuple, qui n'est pas assez nombreux. Pourvu qu'ils soient laborieux et dociles aux lois, vous n'aurez point de meilleurs sujets, et ils accroîtront votre puissance. Vos artisans de la ville, transportés dans la campagne, élèveront leurs enfants au travail et au goût de la vie champêtre. De plus, tous les maçons des pays étrangers qui travaillent à bâtir votre ville se sont engagés à défricher une partie de vos terres et à se faire laboureurs : incorporez-les à votre peuple dès qu'ils auront achevé leurs ouvrages de la ville. Ces ouvriers seront ravis de s'engager à passer leur vie sous une domination qui est maintenant si douce. Comme ils sont robustes et laborieux, leur exemple servira pour exciter au travail les artisans transplantés de la ville à la campagne, avec lesquels ils seront mêlés. Dans la suite, tout le pays sera peuplé de familles vigoureuses et adonnées à l'agriculture.

Les Enfants.

Pour les enfants, ils appartiennent moins à leurs parents qu'à la république, disait Mentor; ils sont les enfants du peuple, ils en sont l'espérance et la force; il n'est pas temps de les corriger quand ils sont corrompus. C'est peu de les exclure des emplois lorsqu'on voit qu'ils s'en sont rendus indignes : il vaut bien mieux prévenir le mal que d'être réduit à le punir. Le roi, ajoutait-il, qui est le père de tout son peuple, est encore plus particulièrement le père de toute la jeunesse, qui est la fleur de toute la nation. C'est dans la fleur qu'il faut préparer les fruits : que le roi ne dédaigne donc pas de veiller et de faire veiller sur l'éducation qu'on donne aux enfants : qu'il tienne ferme pour faire observer les lois de Minos, qui ordonnent qu'on élève les enfants dans le mépris de la douleur et de la mort ; qu'on mette l'honneur à fuir les délices et les richesses ; que l'injustice, le mensonge, l'ingratitude et la mollesse passent pour des vices infâmes ; qu'on leur apprenne, dès leur plus tendre enfance, à chanter les louanges des héros qui ont été aimés des dieux, qui ont fait des actions généreuses pour leur patrie, et qui ont fait éclater leur courage dans les combats ; que le charme de la musique saisisse leurs âmes, pour rendre leurs mœurs douces et pures ; qu'ils apprennent à être tendres pour leurs amis, fidèles à leurs alliés, équitables pour tous les hommes, même pour leurs plus cruels ennemis ; qu'ils craignent moins la mort et les tourments que le moindre reproche de leur conscience. Si de bonne heure on remplit les enfants de ces grandes maximes et qu'on les fasse entrer dans leur cœur par la douceur du chant, il y en aura peu qui ne s'enflamment de l'amour de la gloire et de la vertu.

Mentor ajouta qu'il était capital d'établir des écoles publiques, pour accoutumer la jeunesse aux plus rudes exercices du corps, pour éviter la mollesse et l'oisiveté, qui corrompent les plus heureux naturels.

La tunique de Nessus.

Déjanire se ressouvint de la fatale tunique que le centaure Nessus lui avait laissée en mourant. Cette tunique, pleine du sang venimeux du Centaure, renfermait le poison des flèches dont ce monstre avait été percé. Vous savez que les flèches d'Hercule, qui tua ce perfide Centaure, avaient été trempées dans le sang de l'hydre de Lerne, et que ce sang empoisonnait ces flèches, en sorte que toutes les blessures qu'elles faisaient étaient incurables.

Hercule s'étant revêtu de cette tunique, sentit bientôt le feu dévorant qui se glissait jusque dans la moelle de ses os: il poussait des cris horribles dont le mont Etna résonnait et faisait retentir toutes les profondes vallées; la mer même en paraissait émue : les taureaux les plus furieux qui auraient mugi dans leurs combats n'auraient pas fait un bruit aussi affreux. Le malheureux Lychas, qui lui avait apporté de la part de Déjanire cette tunique, ayant osé s'approcher de lui, Hercule, dans le transport de sa douleur, le prit, le fit pirouetter comme un frondeur fait avec sa fronde tourner la pierre qu'il veut jeter loin de lui. Ainsi, Lychas, lancé du haut de la montagne par la puissante main d'Hercule, tomba dans les flots de la mer, où il fut changé tout à coup en un rocher qui garde encore la figure humaine, et qui, étant toujours battu par les vagues irritées, épouvante de loin les sages pilotes.

Les dangers de l'exemple du vice.

La vue des mœurs corrompues de ce peuple me fit d'abord horreur, mais insensiblement je commençais à m'y accoutumer. Le vice ne m'effrayait plus : toutes les compagnies m'inspiraient je ne sais quelle inclination pour le désordre. On se moquait de mon innocence ; ma retenue et ma pudeur servaient de jouet à ces peuples effrontés. On n'oubliait rien pour réveiller en moi le goût des plaisirs. Je me sentais affaiblir tous les jours ; la bonne éducation que j'avais reçue ne me soutenait presque plus ; toutes mes bonnes résolutions s'évanouissaient. Je ne sentais plus la force de résister au mal qui me pressait de tous côtés; j'avais même une mauvaise honte de la vertu. J'étais comme un homme qui nage dans une rivière profonde et rapide : d'abord il fend les eaux et remonte contre le torrent; mais, si les bords sont escarpés et s'il ne peut se reposer sur le rivage, il se lasse enfin peu à peu, sa force l'abandonne, ses membres épuisés s'engourdissent, et le cours du fleuve l'entraîne. Ainsi mes yeux commençaient à s'obscurcir, mon cœur tombait en défaillance; je ne pouvais plus rappeler ni ma raison ni le souvenir des vertus de mon père. Une secrète et douce langueur s'emparait de moi. J'aimais déjà le poison flatteur qui se glissait de veine en veine, et qui pénétrait jusqu'à la moelle de mes os. Je poussais néanmoins encore de profonds soupirs; je versais des larmes amères; je rugissais comme un lion, dans ma fureur. O malheureuse jeunesse! disais-je. O dieux, qui vous jouez cruellement des hommes, pourquoi les faites-vous passer par cet âge, qui est un temps de folie et de fièvre ardente? Oh! que ne suis-je couvert de cheveux blancs, courbé et proche du tombeau! la mort me serait plus douce que la faiblesse honteuse où je me vois.

A peine avais-je ainsi parlé que ma douleur s'adoucissait, et que mon cœur, enivré d'une folle passion, secouait presque toute pudeur; puis je me voyais replongé dans un abîme de remords. Pendant ce trouble, je courais errant çà et là dans le sacré bocage, comme une biche qu'un chasseur a blessée : elle court au travers des vastes forêts pour soulager sa douleur; mais la flèche qui l'a percée dans le flanc la suit partout; elle porte partout avec elle le trait meurtrier. Ainsi je courais en vain pour m'oublier; rien n'adoucissait la plaie de mon cœur.

En ce moment, j'aperçus assez loin de moi, dans l'ombre épaisse de ce bois, la figure du sage Mentor : mais son visage me parut si pâle, si triste et si austère, que je ne pus en ressentir aucune joie. Est-ce donc vous, m'écriai-je, ô mon cher ami, mon unique espérance? est-ce vous? quoi donc, est-ce vous même? Une image trompeuse ne vient-elle pas abuser mes yeux? Est-ce vous, Mentor? n'est-ce point votre ombre encore sensible à mes maux? N'êtes-vous point au rang des âmes heureuses qui jouissent de leur vertu, et à qui les dieux donnent des plaisirs purs dans une éternelle paix aux Champs-Élysées? Parlez,

Mentor, vivez-vous encore? Suis-je assez heureux pour vous posséder? ou bien n'est-ce qu'une ombre de mon ami? En disant ces paroles, je courais vers lui tout transporté, jusqu'à perdre la respiration. Il m'attendait tranquillement sans faire un pas vers moi. O dieux! vous le savez, quelle fut ma joie quand je sentis que mes mains le touchaient! Non, ce n'est pas une vaine ombre; je le tiens, je l'embrasse, mon cher Mentor! C'est ainsi que je m'écriai. J'arrosais son visage d'un torrent de larmes; je demeurais attaché à son cou sans pouvoir parler. Il me regardait tristement avec des yeux pleins d'une tendre compassion.

Enfin je lui dis: Hélas! d'où venez-vous? en quels dangers ne m'avez-vous pas laissé pendant votre absence, et que ferais-je maintenant sans vous? Mais, sans répondre à mes questions: Fuyez, me dit-il d'un ton terrible, fuyez! hâtez-vous de fuir! Ici la terre ne porte pour fruit que du poison; l'air qu'on respire est empesté; les hommes, contagieux, ne se parlent que pour se communiquer un venin mortel: la volupté, lâche et infâme, qui est le plus horrible des maux sortis de la boîte de Pandore, amollit les cœurs, et ne souffre ici aucune vertu. Fuyez, que tardez-vous? Ne regardez pas même derrière vous en fuyant : effacez jusqu'au moindre souvenir de cette île exécrable.

Il dit ; et aussitôt je sentis comme un nuage épais qui se dissipait sur mes yeux, et qui me laissait voir la pure lumière : une joie douce et pleine d'un ferme courage renaissait dans mon cœur. Cette joie était bien différente de cette autre joie molle et folâtre dont mes sens avaient d'abord été empoisonnés : l'une est une joie d'ivresse et de trouble, qui est entre-coupée de passions furieuses et de cuisants re-mords ; l'autre est une joie de raison, qui a quelque chose de bienheureux et de céleste ; elle est toujours pure et égale, rien ne peut l'épuiser ; plus on s'y plonge, plus elle est douce ; elle ravit l'âme sans la troubler. Alors je versais des larmes de joie, et je trouvais que rien n'était si doux que de pleurer ainsi. O heureux, disais-je, les hommes à qui la vertu se montre dans toute sa beauté ! Peut-on la voir sans l'aimer ? peut-on l'aimer sans être heureux ?

Mort de Bocchoris.

Les Égyptiens qui avaient appelé à leur secours les étrangers, après avoir favorisé leur descente , attaquèrent les autres Egyptiens qui avaient le roi à leur tête. Je voyais ce roi qui animait les siens par son exemple; il paraissait comme le dieu Mars : des ruisseaux de sang coulaient autour de lui; les roues de son char étaient teintes d'un sang noir, épais et écumant; à peine pouvaient-elles passer sur des tas de corps morts écrasés.

Ce jeune roi , bien fait, vigoureux , d'une mine haute et fière , avait dans ses yeux la fureur et le désespoir ; il était comme un beau cheval qui n'a point de bouche; son courage le poussait au hasard , et la sagesse ne modérait pas sa valeur. Il ne savait ni réparer ses fautes , ni donner des ordres précis, ni prévoir les maux qui le menaçaient, ni ménager les gens dont il avait le plus grand besoin. Ce n'était pas qu'il manquât de génie; ses lumières égalaient son courage; mais il n'avait jamais été instruit par la mauvaise fortune ; ses maîtres avaient empoisonné par la flatterie son beau naturel. Il était enivré de sa puissance et de son bonheur; il croyait que tout devait céder à ses désirs fougueux: la moindre résistance enflammait sa colère. Alors il ne raisonnait plus, il était comme une bête farouche, sa bonté naturelle et sa droite raison

l'abandonnaient en un instant; ses plus fidèles serviteurs étaient réduits à s'enfuir; il
n'aimait plus que ceux qui flattaient ses passions. Ainsi il prenait toujours des partis ex-
trêmes contre ses véritables intérêts; et il for-
çait tous les gens de bien à détester sa folle
conduite. Longtemps sa valeur le soutint contre la multitude de ses ennemis, mais enfin il
fut accablé. Je le vis périr; le dard d'un Phé-
nicien perça sa poitrine; les rênes lui échappè-
rent des mains; il tomba de son char sous les
pieds des chevaux. Un soldat de l'île de Cypre
lui coupa la tête; et la prenant par les cheveux, il la montra comme un triomphe à toute
l'armée victorieuse.

Je me souviendrai toute la vie d'avoir vu cette
tête qui nageait dans le sang, ces yeux fermés
et éteints, ce visage pâle et défiguré, cette bouche entr'ouverte, qui semblait vouloir encore
achever des paroles commencées, cet air superbe
et menaçant que la mort même n'avait pu effacer. Toute ma vie il sera peint devant mes yeux;
et si jamais les dieux me faisaient régner, je
n'oublierais point, après un si funeste exemple,
qu'un roi n'est digne de commander et n'est
heureux dans sa puissance qu'autant qu'il la
soumet à la raison. Eh! quel malheur, pour un

homme destiné à faire le bonheur du public, ce n'être le maître de tant d'hommes que pour les rendre malheureux !

Portrait de Pygmalion.

Craignez de tomber entre les mains de Pygmalion : il les a trempées, ces mains cruelles, dans le sang de Sichée, mari de Didon sa sœur. Didon, pleine du désir de la vengeance, s'est sauvée de Tyr avec plusieurs vaisseaux. La plupart de ceux qui aiment la vertu et la liberté l'ont suivie : elle a fondé sur la côte d'Afrique une superbe ville, qu'on nomme Carthage. Pygmalion, tourmenté par une soif insatiable des richesses, se rend de plus en plus méprisable et odieux à ses sujets; c'est un crime à Tyr d'avoir de grands biens : l'avarice le rend défiant, soupçonneux, cruel; il persécute les riches, et il craint les pauvres. C'est un crime encore plus grand d'avoir de la vertu; car Pygmalion suppose que les bons ne peuvent souffrir ses injustices et ses infamies : la vertu le condamne, il s'aigrit et s'irrite contre elle. Tout l'agite, l'inquiète, le ronge; il a peur de son ombre, il ne dort ni nuit ni jour : les dieux, pour le confondre, l'accablent de trésors dont il n'ose jouir. Ce qu'il cherche pour être heureux est précisément ce qui l'empêche de l'être. Il regrette tout ce qu'il donne, et craint toujours de perdre ; il se tourmente pour gagner. On ne le voit presque jamais ; il est seul, triste, abattu, au fond de son palais ; ses amis mêmes n'osent l'aborder, de peur de lui devenir suspects. Une garde terrible tient toujours des épées nues et des piques levées autour de sa maison. Trente chambres qui communiquent les unes aux autres, et dont chacune a une porte de fer avec six gros verrous, sont le lieu où il se renferme ; on ne sait jamais dans laquelle de ces chambres il couche, et on assure qu'il ne couche jamais deux nuits de suite dans la même, de peur d'y être égorgé. Il ne connaît ni les doux plaisirs, ni l'amitié encore plus douce : si on lui parle de chercher la joie, il sent qu'elle fuit loin de lui, et qu'elle refuse d'entrer dans son cœur. Ses yeux creux sont pleins d'un feu âpre et farouche ; ils sont sans cesse errants de tous côtés : il prête l'oreille au moindre bruit, et se sent tout ému ; il est pâle, défait, et les noirs soucis sont peints sur son visage toujours ridé. Il se tait, il soupire, il tire de son cœur de profonds gémissements, il ne peut cacher les remords qui déchirent ses entrailles ; les mets les plus exquis le dégoûtent. Ses enfants, loin d'être son espérance, sont le sujet de sa terreur ; il en a fait ses plus dangereux ennemis. Il n'a eu toute sa vie aucun moment d'assuré ; il ne se conserve qu'à force de répandre le sang de ceux qu'il craint. Insensé, qui ne voit pas que sa cruauté, à laquelle il se confie, le fera périr ! Quelqu'un de ses domestiques, aussi défiant que lui, se hâtera de délivrer le monde de ce monstre.

PEINTURE DES HEUREUX AUX CHAMPS-ÉLYSÉES.

Les hautes montagnes de Thrace, qui, de leurs fronts couverts de neige et de glace depuis l'origine du monde, fendent les nues, seraient renversées de leurs fondements posés au centre de la terre, que les cœurs de ces hommes justes ne pourraient pas même être émus : seulement ils ont pitié des misères qui accablent les hommes vivant dans le monde ; mais c'est une pitié douce et paisible, qui n'altère en rien leur immuable félicité. Une jeunesse éternelle, une félicité sans fin, une gloire toute divine est peinte sur leur visage ; mais leur joie n'a rien de folâtre ni d'indécent ; c'est une joie douce, noble, pleine de majesté ; c'est un goût sublime de la vérité et de la vertu qui les transporte : ils sont, sans interruption, à chaque moment, dans le même saisissement de cœur où est une mère qui revoit son cher fils qu'elle avait cru mort ; et cette joie, qui échappe bientôt à la mère, ne s'enfuit jamais du cœur de ces hommes ; jamais elle ne languit un instant ; elle est toujours nouvelle pour eux : ils ont le transport de l'ivresse sans en avoir le trouble et l'aveuglement.

Mort de Pisistrate.

Pendant que Philoctète répandait autour de lui le carnage et l'horreur, pour repousser les efforts d'Adraste, Nestor tenait serré entre ses bras le corps de son fils ; il remplissait l'air de ses cris, et ne pouvait souffrir la lumière. Malheureux, disait-il, d'avoir été père et d'avoir vécu si longtemps ! Hélas ! cruelles destinées, pourquoi n'avez-vous pas fini ma vie, ou à la chasse du sanglier de Calydon, ou au voyage de Colchos, ou au premier siége de Troie ? Je serais mort avec gloire et sans amertume ; maintenant je traîne une vieillesse douloureuse, méprisée et impuissante ; je ne vis plus que pour

3.

les maux ; je n'ai plus de sentiment que pour la tristesse. O mon fils, mon cher Pisistrate ! quand je perdis ton frère Antiloque, je t'avais pour me consoler ; je ne t'ai plus, je n'ai plus rien, et rien ne me consolera, tout est fini pour moi. L'espérance, seul adoucissement des peines des hommes, n'est plus un bien qui me regarde. Antiloque, Pisistrate, ô chers enfants ! je crois que c'est aujourd'hui que je vous perds tous deux ; la mort de l'un rouvre la plaie que l'autre avait faite au fond de mon cœur. Je ne vous verrai plus ! qui fermera mes yeux ? qui recueillera mes cendres ? O Pisistrate ! tu es mort, comme ton frère, en homme courageux ; il n'y a que moi qui ne puis mourir.

Funérailles de Pisistrate.

Après ces paroles, Télémaque fit laver la plaie sanglante qui était dans le côté de Pisistrate, il le fit étendre sur un lit de pourpre, où, la tête penchée avec la pâleur de la mort, il ressemblait à un jeune arbre qui, ayant couvert la terre de son ombre et poussé vers le ciel ses rameaux fleuris, été entamé par le tranchant de la cognée d'un bûcheron : il ne tient plus à sa racine ni à la terre, mère féconde qui nourrit ses tiges dans son sein ; il languit, sa verdure s'efface, il ne peut plus se soutenir, il tombe ; ses rameaux, qui cachaient le ciel, traînent sur la poussière, flétris et desséchés ; il n'est plus qu'un tronc abattu et dépouillé de toutes ses grâces. Ainsi Pisistrate, en proie à la mort, était déjà emporté par ceux qui devaient le mettre sur le bûcher fatal. Déjà les flammes montaient vers le ciel. Une troupe de Pyliens, les yeux baissés pleins de larmes, leurs armes renversées, le conduisaient lentement. Le corps est bientôt brûlé : les cendres sont mises dans une urne d'or, et Télémaque, qui prend soin de tout, confie cette urne comme un grand trésor à Callimaque, qui avait été le gouverneur de Pisistrate. Gardez, lui dit-il, ces cendres, tristes mais précieux restes de celui que vous avez aimé ; gardez-les pour son père. Mais attendez à les lui donner quand il aura assez de force pour les demander ; ce qui irrite la douleur en un temps l'adoucit en un autre.

Ensuite Télémaque entra dans l'assemblée des rois ligués, où chacun garda le silence pour l'écouter dès qu'on l'aperçut ; il en rougit, et on ne pouvait le faire parler. Les louanges qu'on lui donna, par des acclamations publiques, sur tout ce qu'il venait de faire, augmentèrent sa honte, il aurait voulu se pouvoir cacher ; ce fut la première fois qu'il parut embarrassé et incertain. Enfin, il demanda, comme une grâce, qu'on ne lui donnât plus aucune louange. Ce n'est pas, dit-il, tous les hommes qui sont les tyrans, ce sont ceux qui se font le plus louer par les flatteurs. Quel plaisir y a-t-il à être loué comme eux ? Les bonnes louanges sont celles que vous me donnerez en mon absence, si je suis assez heureux pour en mériter. Si vous me croyez véritablement bon, vous devez croire aussi que je veux être modeste et craindre la vanité ; épargnez-moi donc, si vous m'estimez, et ne me louez pas comme un homme amoureux de louanges.

Après avoir parlé ainsi, Télémaque ne répondit plus rien à ceux qui continuaient de l'élever jusques au ciel ; et par un air d'indifférence, il arrêta bientôt les louanges qu'on lui donnait. On commença à craindre de le fâcher en le louant : ainsi les louanges finirent, mais l'admiration augmenta, tout le monde sachant la tendresse qu'il avait témoignée à Pisistrate et le soin qu'il avait pris de lui rendre les derniers devoirs. Toute l'armée fut plus touchée de ces marques de la bonté de son cœur que de tous les prodiges de sagesse et de valeur qui venaient d'éclater en lui. Il est sage, il est vaillant, se disaient-ils en secret les uns aux autres ; il est l'ami des dieux et le vrai héros de notre âge ; il est au-dessus de l'humanité ; mais tout cela n'est que merveilleux, tout cela ne fait que nous étonner. Il est humain, il est bon, il est ami fidèle et tendre, il est compatissant, libéral, bienfaisant, et tout entier à ceux qu'il doit aimer ; il est les délices de ceux qui vivent avec lui ; il s'est défait de sa hauteur, de son indifférence et de sa fierté ; voilà ce qui est d'usage ; voilà ce qui touche les cœurs ; voilà ce qui attendrit pour lui, et qui nous rend sensibles à toutes ses vertus ; voilà ce qui fait que nous donnerions toutes nos vies pour lui.

Description du trône de Pluton.

Pluton était sur son trône ; son visage était pâle et sévère, ses yeux creux et étincelants, son front ridé et menaçant. La vue d'un homme vivant lui était odieuse, comme la lumière offense les yeux des animaux qui sont accoutumés de ne sortir de leurs retraites que pendant la nuit. A son côté paraissait Proserpine, **qui** attirait seule ses regards, et qui semblait un **peu** adoucir son cœur; elle jouissait d'une beauté toujours nouvelle; mais elle paraissait avoir joint à ses grâces divines je ne sais quoi de dur et de cruel de son époux.

Au pied du trône était la Mort, pâle et dévorante, avec sa faux tranchante, qu'elle aiguisait sans cesse. Autour d'elle volaient les noirs soucis, les cruelles défiances, les vengeances toutes dégouttantes de sang, et couvertes de plaies; les haines injustes; l'avarice qui se ronge elle-même; le désespoir qui se déchire de ses propres mains; l'ambition forcenée qui renverse tout; la trahison qui veut se repaître de sang, et qui ne peut jouir des maux qu'elle a faits; l'envie qui verse son venin mortel autour d'elle, et qui se tourne en rage, dans l'impuissance où elle est de nuire; l'impiété qui se creuse elle-même un abîme sans fond, où elle se précipite sans espérance; les spectres hideux, les fantômes qui représentent les morts pour épouvanter les vivants; les songes affreux, les insomnies aussi cruelles que les songes. Toutes ces images funestes environnaient le fier Pluton, et remplissaient le palais où il habite.

Description du Tartare.

Le noir Tartare s'offre bientôt aux yeux de Télémaque ; il en sortait une fumée noire et épaisse, dont l'odeur empestée donnerait la mort si elle se répandait dans la demeure des vivants. Cette fumée couvrait un fleuve de feu et de tourbillons de flamme dont le bruit, semblable à celui des torrents les plus impétueux, quand ils s'élancent des plus hauts rochers dans le fond des abîmes, faisait qu'on ne pouvait rien entendre distinctement dans ces tristes lieux.

Télémaque, secrètement animé par Minerve, entre sans crainte dans ce gouffre. D'abord il aperçut un grand nombre d'hommes qui avaient vécu dans les plus basses conditions, et qui étaient punis pour avoir cherché les richesses par des fraudes, des trahisons et des cruautés. Il y remarqua beaucoup d'impies hypocrites qui, faisant semblant d'aimer la religion, s'en étaient servis comme d'un beau prétexte pour contenter leur ambition, et pour se jouer des hommes crédules : ces hommes, qui avaient abusé de la vertu même, quoiqu'elle soit le plus grand don des dieux, étaient punis comme les plus scélérats de tous les hommes. Les enfants qui avaient égorgé leurs pères et leurs mères, les épouses qui avaient trempé leurs mains dans le sang de leurs époux, les traîtres qui avaient livré leur patrie après avoir violé tous les serments, souffraient des peines moins cruelles que ces hypocrites. Les trois juges des enfers l'avaient ainsi voulu, parce que les hypocrites ne se contentent pas d'être méchants, comme le reste des impies ; ils veulent encore passer pour bons, et font, par leur fausse vertu, que les hommes n'osent plus se fier à la véritable. Les dieux, dont ils se sont joués, et qu'ils ont rendus méprisables aux hommes, prennent plaisir à employer toute leur puissance pour se venger de leur insulte.

Auprès de ceux-ci paraissent d'autres hommes que le vulgaire ne croit guère coupables, et que la vengeance divine poursuit impitoyablement ; ce sont les ingrats, les menteurs, les flatteurs qui ont loué le vice, les critiques malins qui ont tâché de flétrir la plus pure vertu ; enfin ceux qui ont jugé témérairement des choses sans les connaître à fond, et qui par là ont nui à la réputation des innocents.

Mais, parmi toutes les ingratitudes, celle qui était punie comme la plus noire, c'est celle qui se commet envers les dieux. Quoi donc! disait Minos, on passe pour un monstre quand on manque de reconnaissance pour son père, ou pour un ami de qui on a reçu quelques secours, et on fait gloire d'être ingrat envers les dieux, de qui on tient la vie et tous les biens qu'elle renferme! Ne leur doit-on pas sa naissance plus qu'au père et à la mère de qui on est né? Plus tous ces crimes sont impunis et excusés sur la terre, plus ils sont, dans les enfers, l'objet d'une vengeance implacable à qui rien n'échappe.

Plus loin étaient les rois qui étaient punis pour avoir abusé de leur puissance. D'un côté, une furie vengeresse leur présentait un miroir qui leur montrait toute la difformité de leurs vices: là ils voyaient et ne pouvaient s'empêcher de voir leur vanité grossière et avide des plus ridicules louanges, leur dureté pour les hommes, dont ils auraient dû faire la félicité, leur insensibilité pour la vertu, leur crainte d'entendre la vérité, leur inclination pour les hommes lâches et flatteurs, leur inapplication,

leur mollesse, leur indolence, leur défiance dé-
placée, leur faste et leur excessive magnificence,
fondée sur la ruine des peuples; leur ambition
pour acheter un peu de vaine gloire par le sang
de leurs citoyens, enfin leur cruauté, qui cherche
chaque jour de nouvelles délices parmi les larmes
et le désespoir de tant de malheureux. Ils se
voyaient sans cesse dans ce miroir; ils se
croyaient plus horribles et plus monstrueux
que n'est la Chimère vaincue par Bellérophon,
ni l'hydre de Lerne abattue par Hercule, ni
Cerbère même, quoiqu'il vomisse de ses trois
gueules béantes un sang noir et venimeux, capable d'empester toute la race des mortels vivant sur la terre.

En même temps, d'un autre côté, une autre
furie leur répétait avec insulte toutes les louanges que leurs flatteurs leur avaient données
pendant leur vie, et leur présentait un autre miroir où ils se voyaient tels que la flatterie les
avait dépeints : l'opposition de ces deux peintures si contraires était le supplice de leur vanité. On remarquait que les plus méchants d'entre ces rois étaient ceux à qui on avait donné
les plus magnifiques louanges pendant leur vie,
parce que les méchants sont plus craints que
les bons, et qu'ils exigent sans pudeur les lâches

flatteries des poëtes et des orateurs de leur temps.

On les entend gémir dans ces profondes ténèbres, où ils ne peuvent voir que les insultes et les dérisions qu'ils ont à souffrir : ils n'ont rien autour d'eux qui ne les repousse, qui ne les contredise, qui ne les confonde. Au lieu que, sur la terre, ils se jouaient de la vie des hommes, et prétendaient que tout était fait pour les servir ; dans le Tartare, ils sont livrés à tous les caprices de certains esclaves qui leur font sentir à leur tour une cruelle servitude ; ils servent avec douleur, et il ne leur reste aucune espérance de pouvoir jamais adoucir leur captivité ; ils sont sous les coups de ces esclaves, devenus leurs tyrans impitoyables, comme une enclume est sous les coups des marteaux des Cyclopes, quand Vulcain les presse de travailler dans les fournaises ardentes du mont Etna.

Là tous les visages sont pâles, hideux et consternés. C'est une tristesse noire qui ronge ces criminels : ils ont horreur d'eux-mêmes, et ils ne peuvent non plus se délivrer de cette horreur que de leur propre nature ; ils n'ont point besoin d'autres châtiments de leurs fautes que leurs fautes mêmes ; ils les voient sans cesse dans toute leur énormité ; elles se présentent à eux comme des spectres horribles ; elles les poursuivent. Pour s'en garantir, ils cherchent une mort plus puissante que celle qui les a séparés de leurs corps. Dans le désespoir où ils sont, ils appellent à leur secours une mort qui puisse éteindre tout sentiment et toute connaissance en eux ; ils demandent aux abîmes de les engloutir, pour se dérober aux rayons vengeurs de la vérité qui les persécute : mais ils sont réservés à la vengeance qui distille sur eux goutte à goutte, et qui ne tarira jamais. La vérité, qu'ils ont craint de voir, fait leur supplice ; ils la voient, et n'ont des yeux que pour la voir s'élever contre eux ; sa vue les perce, les déchire, les arrache à eux-mêmes : elle est comme la foudre ; sans rien détruire au dehors, elle pénètre jusqu'au fond des entrailles. Semblable à un métal dans une fournaise ardente, l'âme est comme fondue par ce feu vengeur ; il ne laisse aucune consistance, et il ne consume rien ; il dissout jusqu'aux premiers principes de la vie, et on ne peut mourir. On est arraché à soi-même ; on n'y peut plus trouver ni appui, ni repos pour un seul instant : on ne vit plus que par la rage qu'on a contre soi-même, et par une perte de toute espérance, qui rend forcené.

Félicité des justes.

Ces hommes justes étaient dans des bocages odoriférants, sur des gazons toujours renaissants et fleuris : mille petits ruisseaux d'une onde pure arrosaient ces beaux lieux, et y faisaient sentir une délicieuse fraîcheur; un nombre infini d'oiseaux faisaient résonner ces bocages de leurs doux chants. On voyait tout ensemble les fleurs du printemps, qui naissaient sous les pas, avec les plus riches fruits de l'automne, qui pendaient des arbres. Là, jamais on ne ressentit les ardeurs de la furieuse canicule : là, jamais les noirs aquilons n'osèrent souffler, ni faire sentir les rigueurs de l'hiver. Ni la guerre altérée de sang, ni la cruelle envie qui mord d'une dent venimeuse, et qui porte des vipères entortillées dans son sein et autour de ses bras, ni les jalousies, ni les défiances, ni la crainte, ni les vains désirs, n'approchent jamais de cet heureux séjour de la paix. Le jour n'y finit point, et la nuit, avec ses sombres voiles, y est inconnue : une lumière pure et douce se répand autour des corps de ces hommes justes, et les environne de ses rayons comme d'un vêtement. Cette lumière n'est point semblable à la lumière sombre qui éclaire les yeux des misérables mortels, et qui n'est que ténèbres : c'est plutôt une gloire céleste qu'une lumière ; elle pénètre plus subtilement les corps les plus épais que les rayons du soleil ne pénètrent le plus pur cristal. Elle n'éblouit jamais : au contraire, elle fortifie les yeux, et porte dans le fond de l'âme je ne sais quelle sérénité. C'est d'elle seule que les hommes bienheureux sont nourris ; elle sort d'eux, et elle y entre ; elle pénètre et s'incorpore à eux, comme les aliments s'incorporent à nous. Ils la voient, ils la sentent, ils la respirent ; elle fait naître en eux une source intarissable de paix et de joie ; ils sont plongés dans cet abîme de délices comme les poissons dans la mer ; ils ne veulent rien, ils ont tout sans rien avoir ; car ce goût de lumière pure apaise la faim de leur cœur ; tous leurs désirs sont rassasiés, et leur plénitude les élève au-dessus de tout ce que les hommes vides et affamés cherchent sur la terre ; toutes les délices qui les environnent ne leur sont rien, parce que le comble de leur félicité, qui vient du dedans, ne leur laisse aucun sentiment pour tout ce qu'ils voient de délicieux au dehors : ils sont tels que les dieux, qui, rassasiés de nectar et d'ambroisie, ne daigneraient pas se nourrir des viandes grossières qu'on leur présenterait à la table la plus exquise des hommes mortels. Tous les maux s'enfuient loin de ces lieux tranquilles : la mort, la maladie, la pauvreté, la douleur, les regrets. les remords, les craintes, les espérances même, qui coûtent souvent autant de peines que les craintes, les divisions, les dégoûts, les dépits, ne peuvent y avoir aucune entrée.

Les hautes montagnes de la Thrace, qui, de leurs fronts couverts de neige et de glace depuis l'origine du monde, fendent les nues, seraient renversées de leurs fondements posés au centre de la terre, que les cœurs de ces hommes justes ne pourraient pas même être émus ; seulement ils ont pitié des misères qui accablent les hommes vivant dans le monde ; mais c'est une pitié douce et paisible qui n'altère en rien leur immuable félicité. Une jeunesse éternelle, une félicité sans fin, une gloire toute divine est peinte sur leur visage ; mais leur joie n'a rien de folâtre ni d'indécent, c'est une joie douce, noble, pleine de majesté ; c'est un goût sublime de la vérité et de la vertu qui les transporte : ils sont, sans interruption, à chaque moment, dans le même saisissement de cœur où est une mère qui revoit son cher fils qu'elle avait cru mort ; et cette joie, qui échappe bientôt à la mère, ne s'enfuit jamais du cœur de ces hommes ; jamais elle ne languit un instant, elle est toujours nouvelle pour eux : ils ont le transport de l'ivresse, sans en avoir le trouble et l'aveuglement. Ils s'entretiennent ensemble de ce qu'ils goûtent : ils foulent à leurs pieds les molles délices et les vaines grandeurs de leur ancienne condition qu'ils déplorent ; ils repassent avec plaisir ces tristes mais courtes années où ils ont eu besoin de combattre contre eux-mêmes et contre le torrent des hommes corrompus, pour devenir bons ; ils admirent le secours des dieux qui les ont conduits, comme par la main, à la vertu, au milieu de tant de périls. Je ne sais quoi de divin coule sans cesse au travers de leurs cœurs, comme un torrent de la divinité même qui s'unit à eux ; ils voient, ils sentent qu'ils sont heureux, et sentent qu'ils le seront toujours. Ils chantent les louanges des dieux, et ils ne font tous ensemble qu'une seule voix, une seule pensée, un seul cœur : une même félicité fait comme un flux et reflux dans ces âmes unies.

Dans ce ravissement divin, les siècles coulent plus rapidement que les heures parmi les mortels ; et cependant mille et mille siècles écoulés n'ôtent rien à leur félicité toujours nouvelle et toujours entière. Ils règnent tous ensemble, non sur des trônes que la main des hommes peut renverser, mais en eux-mêmes, avec une puissance immuable ; car ils n'ont pas besoin d'être redoutables par une puissance empruntée d'un peuple vil et misérable. Ils ne portent plus ces vains diadèmes dont l'éclat cache tant de craintes et de noirs soucis, les dieux mêmes les ont couronnés de leurs propres mains, avec des couronnes que rien ne peut flétrir.

DERNIERS CONSEILS DE MENTOR A TÉLÉMAQUE.

Considérez toujours de loin toutes les suites de ce que vous voudrez entreprendre ; prévoyez les plus terribles inconvénients, et sachez que le vrai courage consiste à envisager tous les périls, et à les mépriser quand ils deviennent nécessaires. Celui qui ne veut pas les voir n'a pas assez de courage pour en supporter tranquillement la vue : celui qui les voit tous, qui évite tous ceux qu'on peut éviter, et qui tente les autres sans s'émouvoir, est le seul sage et magnanime.

4

Fuyez la mollesse, le faste, la profusion; mettez votre gloire dans la simplicité : que vos vertus et vos bonnes actions soient les ornements de votre personne et de votre palais; qu'elles soient la garde qui vous environne, et que tout le monde apprenne de vous en quoi consiste le vrai bonheur.

N'oubliez jamais que les rois ne règnent point pour leur propre gloire, mais pour le bien des peuples. Les biens qu'ils font s'étendent jusque dans les siècles les plus éloignés; les maux qu'ils font se multiplient de génération en génération jusqu'à la postérité la plus reculée. Un mauvais règne fait quelquefois la calamité de plusieurs siècles.

Surtout soyez en garde contre votre humeur : c'est un ennemi que vous porterez partout avec vous jusqu'à la mort; il entrera dans vos conseils, et vous trahira si vous l'écoutez. L'humeur fait perdre les occasions les plus importantes : elle donne des inclinations et des aversions d'enfant, au préjudice des plus grands intérêts; elle fait décider les plus grandes affaires par les plus petites raisons; elle obscurcit tous les talents, rabaisse le courage, rend un homme inégal, faible, vil et insupportable. Défiez-vous de cet ennemi.

Craignez les dieux, ô Télémaque! cette crainte est le plus grand trésor du cœur de l'homme : avec elle vous viendront la sagesse, la justice, la paix, la joie, les plaisirs purs, la vraie liberté, la douce abondance, la gloire sans tache.

Je vous quitte, ô fils d'Ulysse! mais ma sagesse ne vous quittera point, pourvu que vous sentiez toujours que vous ne pouvez rien sans elle. Il est temps que vous appreniez à marcher tout seul. Je ne me suis séparée de vous en Égypte et à Salente que pour vous accoutumer à être privé de cette douceur, comme on sèvre les enfants lorsqu'il est temps de leur ôter le lait pour leur donner des aliments solides.

A peine la déesse eut achevé ce discours, qu'elle s'éleva dans les airs, et s'enveloppa d'un nuage d'or et d'azur, où elle disparut. Télémaque, soupirant, étonné et hors de lui-même, se prosterna à terre, levant les mains au ciel : puis il alla éveiller ses compagnons, se hâta de partir, arriva à Ithaque, et reconnut son père chez le fidèle Eumée.

HISTOIRE NATURELLE.

La nature montre l'existence de Dieu.

Est-ce seulement parce qu'on vous a fait faire votre prière, mes chers enfants, ou bien parce que dimanche vous êtes allés à la messe, que vous croyez à l'existence de Dieu? Non? n'est-ce pas, vous en êtes pénétrés bien davantage lorsque, vous rendant à l'école par un beau jour, vous voyez ce magnifique soleil éclairant de ses feux ardents les montagnes et les vallées couvertes d'arbres superbes, qui ploient sous le poids de leurs fruits; vous dites en vous-même : Qui aurait fait cela, si ce n'est l'Être infini que j'adore?

DE LA TERRE.

Jetons les yeux sur cette terre qui nous porte. Regardons cette voûte immense des cieux qui nous couvre, ces abîmes d'air et d'eau qui nous environnent, et ces astres qui nous éclairent. Un homme qui vit sans réflexion ne pense qu'aux espaces qui sont auprès de lui, ou qui ont quelque rapport à ses besoins. Il ne regarde la terre que comme le plancher de sa chambre, et le soleil qui l'éclaire pendant le jour que comme la bougie qui l'éclaire pendant la nuit. Ses pensées se renferment dans le lieu étroit qu'il habite. Au contraire, l'homme accoutumé à faire des réflexions étend ses regards plus loin, et considère avec curiosité les abîmes presque infinis dont il est environné de toutes parts. Un vaste royaume ne lui paraît alors qu'un petit coin de terre; la terre elle-même n'est à ses yeux qu'un point dans la masse de l'univers; et il admire de s'y voir placé sans savoir comment il y a été mis.

Qui est-ce qui a suspendu ce globe de la terre, qui est immobile? qui est-ce qui en a posé les fondements? rien n'est, ce me semble, plus vil qu'elle: les plus malheureux la foulent aux pieds. Mais c'est pourtant pour la posséder qu'on donne les plus grands trésors. Si elle était plus dure, l'homme ne pourrait en ouvrir le sein pour la cultiver. Si elle était moins dure, elle ne pourrait le porter: il enfoncerait partout, comme il enfonce dans le sable ou dans un bourbier. C'est du sein inépuisable de la terre que sort tout ce qu'il y a de plus précieux. Cette masse informe, vile et grossière, prend toutes les formes les plus diverses, et elle seule donne tour à tour les biens que nous lui demandons. Cette boue si sale se transforme en mille beaux objets qui charment les yeux. En une seule année, elle devient branches, boutons, feuilles, fleurs, fruits et semences, pour renouveler ses libéralités en faveur des hommes. Rien ne l'épuise. Plus on déchire ses entrailles, plus elle est libérale. Après tant de siècles, pendant lesquels tout est sorti d'elle, elle n'est point encore usée. Elle ne ressent aucune vieillesse: ses entrailles sont encore pleines des mêmes trésors. Mille générations ont passé dans son sein. Tout vieillit, excepté elle seule: elle rajeunit chaque année au printemps. Elle ne manque point aux hommes; mais les hommes insensés se manquent à eux-mêmes en négligeant de la cultiver. C'est par leur paresse et par leurs désordres qu'ils laissent croître les ronces et les épines à la place des vendanges et des moissons. Ils se disputent un bien qu'ils laissent perdre. Les conquérants laissent en friche la terre pour la possession de laquelle ils ont fait périr tant de milliers d'hommes et ont passé leur vie dans une si terrible agitation. Les hommes ont devant eux des terres immenses qui sont vides et incultes, et ils renversent le genre humain pour un coin de cette terre si négligée. La terre, si elle était bien cultivée, nourrirait cent fois plus d'hommes qu'elle n'en nourrit. L'inégalité même des terroirs, qui paraît d'abord un défaut, se tourne en ornement et en utilité. Les montagnes se sont élevées, et les vallons sont descendus à la place que le Seigneur leur a marquée. Ces diverses terres, suivant les divers aspects du soleil, ont leurs avantages. Dans ces profondes vallées, on voit croître l'herbe fraîche pour nourrir les troupeaux ; auprès d'elles s'ouvrent de vastes campagnes revêtues de riches moissons ; ici des coteaux s'élèvent comme un amphithéâtre, et sont couronnés de vignobles et d'arbres fruitiers ; là de hautes montagnes vont porter leur front glacé jusque dans les nues, et les torrents qui en tombent sont les sources des rivières. Les rochers, qui montrent leurs cimes escarpées, soutiennent la terre des montagnes, comme les os du corps humain en soutiennent les chairs. Cette variété fait le charme des paysages, et en même temps elle satisfait aux divers besoins des peuples. Il n'y a point de terroir si ingrat qui n'ait quelque propriété. Non-seulement les terres noires et fertiles, mais encore les argileuses et les graveleuses, récompensent l'homme de ses peines. Les marais desséchés deviennent fertiles; les sables ne couvrent d'ordinaire que la surface de la terre, et quand le laboureur a la patience d'enfoncer, il trouve un terroir neuf, qui se fertilise à mesure qu'on le remue et qu'on l'expose aux rayons du soleil.

Il n'y a presque point de terre entièrement ingrate, si l'homme ne se lasse point de la remuer pour l'exposer au soleil, et s'il ne lui demande que ce qu'elle est propre à porter. Au milieu des pierres et des rochers, on trouve d'excellents pâturages : il y a dans leurs cavités des veines que les rayons du soleil pénètrent; et qui fournissent aux plantes, pour nourrir les troupeaux, des sucs très-savoureux. Les côtés même qui paraissent les plus stériles et les plus sauvages offrent souvent des fruits délicieux ou des remèdes très-salutaires, qui manquent dans les pays les plus fertiles. D'ailleurs, c'est par un effet de la Providence divine que nulle terre ne porte tout ce qui sert à la vie humaine ; car le besoin invite les hommes au commerce, pour se donner mutuellement ce qui leur manque ; et ce besoin est le lien naturel de la société entre les nations : autrement tous les peuples du monde seraient réduits à une seule sorte d'habits et d'aliments, rien ne les inviterait à se connaître et à s'entrevoir.

QUESTIONNAIRE.

Points de rappel.

Quels sont les avantages d'un sol bien cultivé ?
Devoirs de la culture.
Dieu doit être admiré dans ses œuvres.
La différence des terroirs ne fait que contribuer à l'utilité et à l'agrément.
Vallées, coteaux.
Fertilité presque générale de la terre.

DES PLANTES.

Tout ce que la terre produit se corrompt, rentre dans son sein, et devient le germe d'une nouvelle fécondité. Ainsi elle reprend tout ce qu'elle a donné, pour le rendre encore ; ainsi la corruption des plantes et les excréments des animaux qu'elle nourrit, la nourrissent elle-même et perfectionnent sa fertilité; ainsi, plus elle donne, plus elle reprend; et elle ne s'épuise jamais, pourvu qu'on sache, dans sa culture, lui rendre ce qu'elle a donné. Tout sort de son sein, tout y rentre, et rien ne s'y perd. Toutes les semences qui y retournent se multiplient. Confiez à la terre des grains de blé; en se pourrissant ils germent, et cette mère féconde nous rend avec usure plus d'épis qu'elle n'a reçu de grains. Creusez dans ses entrailles, vous y trouverez la pierre et le marbre pour les plus superbes édifices. Mais qui est-ce qui a renfermé tant de trésors dans son sein? Voyez tant de métaux précieux et utiles, tant de minéraux destinés à la commodité de l'homme.

Admirez les plantes qui naissent de la terre: elles fournissent des aliments aux sains, et des remèdes aux malades. Leurs espèces et leurs vertus sont innombrables. Elles ornent la terre; elles donnent de la verdure, des fleurs odoriférantes et des fruits délicieux. Voyez-vous ces vastes forêts, qui paraissent aussi anciennes que le monde? Ces arbres s'enfoncent dans la terre par leurs racines, comme leurs branches s'élèvent vers le ciel. Leurs racines les défendent contre les vents, et vont chercher, comme par des petits tuyaux souterrains, tous les sucs destinés à la nourriture de leur tige. La tige elle-même se revêt d'une dure écorce, qui met le bois tendre à l'abri des injures de l'air.

Les branches distribuent en divers canaux la séve que les racines avaient réunie dans le tronc. En été, ces rameaux nous protégent de leur ombre contre les rayons du soleil. En hiver, ils nourrissent la flamme qui conserve en nous la chaleur naturelle. Leur bois n'est pas seulement utile pour le feu ; c'est une matière douce, quoique solide et durable, à laquelle la main de l'homme donne sans peine toutes les formes qu'il lui plaît, pour les plus grands ouvrages de l'architecture et de la navigation. De plus, les arbres fruitiers, en penchant leurs rameaux vers la terre , semblent offrir leurs fruits à l'homme. Les arbres et les plantes , en laissant tomber leurs fruits ou leur graine, se préparent autour d'eux une nombreuse postérité ; la plus faible plante, le moindre légume, contient en petit volume dans une graine le germe de tout ce qui se déploie dans les plus hautes plantes et dans les plus grands arbres. La terre, qui ne change jamais, fait tous ces changements dans son sein,

QUESTIONNAIRE.

Points de rappel.

*La nature est admirable dans sa fécondité.
Tout sort de son sein, tout y rentre.
Les trois règnes de la nature.
Structure des plantes. — Des arbres.
Leur utilité dans les ressources qu'ils nous offrent.*

DE L'EAU.

Regardons maintenant ce qu'on appelle eau. C'est un corps liquide, clair et transparent. D'un côté, il écoule, il échappe, il s'enfuit ; de l'autre, il prend toutes les formes des corps qui l'environnent, n'en ayant aucune par lui-même. Si l'eau était un peu plus raréfiée, elle deviendrait une espèce d'air, toute la face de la terre serait sèche et stérile. Il n'y aurait que des animaux volatiles: nulle espèce d'animal ne pourrait nager; nul poisson ne pourrait vivre ; il n'y aurait aucun commerce par la navigation. Quelle main industrieuse a su épaissir l'eau, en subtilisant l'air, et distinguer si bien ces deux espèces de corps fluides? Si l'eau était un peu plus raréfiée, elle ne pourrait plus soutenir ces prodigieux édifices flottants qu'on nomme vaisseaux. Les corps les moins pesants s'enfonceraient d'abord dans l'eau. Qui est-ce qui a pris le soin de choisir une si juste configuration de parties et un degré si précis de mouvement, pour rendre l'eau si fluide, si insinuante, si propre à échapper, si incapable de toute consistance, et néanmoins si forte pour porter et si impétueuse pour entraîner les plus pesantes masses? Elle est docile; l'homme la mène, comme un cavalier mène son cheval, sur la pointe des racines; il la distribue comme il lui plaît, il l'élève sur les montagnes escarpées, et se sert de son poids pour lui faire faire des chutes qui la font remonter autant qu'elle est descendue. Mais l'homme qui mène les eaux avec tant d'empire est à son tour mené par elles. L'eau est une des plus grandes forces mouvantes que l'homme sache employer pour suppléer à ce qui lui manque dans les arts les plus nécessaires, par la petitesse et par la faiblesse de son corps. Mais ces eaux, qui, nonobstant leur fluidité, sont des masses si pesantes, ne laissent pas de s'élever au-dessus de nos têtes, et d'y demeurer longtemps suspendues. Voyez-vous ces nuages qui volent sur les ailes des vents? S'ils tombaient tout à coup par de grosses colonnes d'eau, rapides comme des torrents, ils submergeraient et détruiraient tout dans l'endroit de leur chute, et le reste des terres demeurerait aride. Quelle main les tient dans ces réservoirs suspendus, et ne leur permet de tomber que goutte à goutte, comme si on les distillait par un arrosoir? D'où vient qu'en certains pays chauds, où il ne pleut presque jamais, les rosées de la nuit sont si abondantes, qu'elles suppléent au défaut de la pluie ; et qu'en d'autres pays, tels que les bords du Nil et du Gange, l'inondation régulière des fleuves, en certaines saisons, pourvoit à point nommé aux besoins des peuples, pour arroser les terres ? Peut-on s'imaginer des mesures mieux prises pour rendre tous les pays fertiles ?

Ainsi l'eau désaltère non-seulement les hommes, mais encore les campagnes arides ; et celui qui nous a donné ce corps fluide l'a distribué avec soin sur la terre, comme les canaux d'un jardin. Les eaux tombent des hautes montagnes, où leurs réservoirs sont placés : elles s'assemblent en gros ruisseaux dans les vallées. Les rivières serpentent dans les vastes campagnes, pour les mieux arroser. Elles vont enfin se précipiter dans la mer, pour en faire le centre du commerce de toutes les nations. Cet Océan, qui semble être mis au milieu des terres pour en faire une éternelle séparation, est au contraire le rendez-vous de tous les peuples, qui ne pourraient aller par terre d'un bout du monde à l'autre qu'avec des fatigues, des longueurs et des dangers incroyables. C'est par ce chemin sans traces, au travers des abîmes, que l'ancien monde donne la main au nouveau, et que le nouveau prête à l'ancien tant de commodités et de richesses. Les eaux distribuées avec tant d'art font une circulation dans la terre, comme le sang circule dans le corps humain. Mais, outre cette circulation perpétuelle de l'eau, il y a encore le flux et le reflux de la mer. Ne cherchons point les causes de cet effet si mystérieux. Ce qui est certain, c'est que la mer vous porte et vous reporte précisément aux mêmes lieux à certaines heures. Qui est-ce qui la fait se retirer, et puis revenir sur ses pas avec tant de régularité? Un peu plus, un peu moins de mouvement dans cette masse fluide déconcerterait toute la nature. Un peu plus de mouvement dans les eaux qui remontent inonderait des royaumes entiers. Qui est-ce qui a su prendre des mesures si justes dans des corps immenses ? Qui est-ce qui a su éviter le trop et le trop peu ? Quel doigt a marqué à la mer la borne immobile qu'elle doit respecter dans la suite de tous les siècles, en lui disant : Là vous viendrez briser l'orgueil de vos vagues ? Mais ces eaux si coulantes deviennent tout à coup, pendant l'hiver, dures comme des rochers. Les sommets des hautes montagnes ont même en tout temps des glaces et des neiges, qui sont la source des rivières, et qui, abreuvant les pâturages, les rendent plus fertiles. Ici les eaux sont douces, pour désaltérer l'homme ; là elles ont un sel qui assaisonne et rend incorruptibles nos aliments. Enfin, si je lève la tête, j'aperçois dans les nues qui volent au-dessus de nous des espèces de mers suspendues, pour tempérer l'air, pour arrêter les rayons enflammés du soleil, et pour arroser la terre quand elle est trop sèche. Quelle main a pu suspendre sur nos têtes ces grands réservoirs d'eau ? Quelle main prend soin de ne jamais les laisser tomber que par pluies modérées ?

QUESTIONNAIRE.

Points de rappel.

L'eau n'a point de forme.

Utilité de l'eau.

Citer toutes les circonstances où elle nous est utile.

Cas où l'eau pourrait *devenir une espèce d'air.*

Puissance de l'homme sur l'eau.

L'eau des fleuves tenant lieu *de pluies en certains pays :* Egypte.

Remarque sur l'Océan , qui est en quelque sorte le *rendez-vous* des peuples.

Dieu contient cet élément.

DE L'AIR.

Après avoir considéré les eaux, appliquons-nous à considérer d'autres masses encore plus étendues. Voyez-vous ce qu'on nomme l'air ? C'est un corps si pur , si subtil et si transparent , que les rayons des astres situés dans une distance presque infinie de nous le percent tout entier, sans peine et en un instant, pour venir éclairer nos yeux. Un peu moins de subtilité dans ce corps fluide nous aurait dérobé le jour , et ne nous aurait laissé tout au plus qu'une lumière sombre et confuse , comme quand l'air est plein de brouillards épais. Si l'air devenait plus épais, plus humide , nous nous noierions comme dans la mer. Qui est-ce qui a purifié avec tant de justesse cet air que nous respirons ? S'il était plus épais, il nous suffoquerait ; comme, s'il était plus subtil, il n'aurait pas cette douceur qui fait une nourriture continuelle du dedans de l'homme. Nous éprouverions partout ce que l'on éprouve sur le sommet des montagnes les plus hautes, où la subtilité de l'air ne fournit rien d'assez humide et d'assez nourrissant pour les poumons. De quel trésor sont tirés les vents qui purifient l'air, qui attiédissent les saisons brûlantes, qui tempèrent la rigueur des hivers, et qui changent en un instant la face du ciel ? Sur les ailes de ces vents volent les nuées d'un bout de l'horizon à l'autre. On sait que certains vents règnent dans des saisons précises. Ils durent un temps réglé, et il leur en succède d'autres, comme tout exprès, pour rendre les navigations commodes et régulières. Pourvu que les hommes soient patients et aussi ponctuels que les vents, ils feront sans peine les plus longues navigations.

QUESTIONNAIRE.

Points de rappel.

Rapprochement de l'air et de l'eau.

Ce qu'il arriverait si l'air était plus épais, plus humide.

S'il était plus subtil? Montagnes.

Les vents. Parti que les hommes savent en tirer.

DU FEU.

Voyez-vous ce feu qui paraît allumé dans les astres, et qui répand partout sa lumière? Voyez-vous cette flamme que certaines montagnes vomissent, et que la terre nourrit de soufre dans ses entrailles? Ce même feu demeure paisiblement caché dans les veines des cailloux, et il attend à éclater jusqu'à ce que le choc d'un autre corps l'excite, pour ébranler les villes et les montagnes. L'homme a su l'allumer et l'attacher à tous ses usages, pour plier les plus durs métaux, et pour nourrir avec du bois, jusque dans les climats les plus glacés, une flamme qui lui tienne lieu de soleil, quand le soleil s'éloigne de lui. Cette flamme se glisse subtilement dans toutes les semences, elle est comme l'âme de tout ce qui vit; elle consume tout ce qui est impur, et renouvelle ce qu'elle a purifié. Le feu prête sa force aux hommes trop faibles. Il enlève tout à coup les édifices et les rochers. Mais veut-on le borner à un usage plus modéré, il réchauffe l'homme, il cuit les aliments. Les anciens, admirant le feu, ont cru que c'était un trésor céleste que l'homme avait dérobé aux dieux.

QUESTIONNAIRE.

Points de rappel.

Utilité du feu. — Fonte des métaux. — Chaleur.—Chauffage.—Sa propriété.—Il prête sa force à l'homme faible. — Trésor dérobé aux dieux.

DU CIEL.

Il est temps d'élever nos yeux vers le ciel. Quelle puissance a construit au-dessus de nos têtes une si vaste et si superbe voûte? Quelle étonnante variété d'admirables objets! C'est pour nous donner un beau spectacle, qu'une main toute-puissante a mis devant nos yeux de si grands et de si éclatants objets. C'est pour nous faire admirer le ciel, dit Cicéron, que

Dieu a fait l'homme autrement que le reste des animaux. Il est droit et lève la tête pour être occupé de ce qui est au-dessus de lui. Tantôt nous voyons un azur sombre, où les feux les plus purs étincellent, tantôt nous voyons dans un ciel tempéré les plus douces couleurs, avec des nuances que la peinture ne peut imiter ; tantôt nous voyons des nuages de toutes les figures et de toutes les couleurs les plus vives, qui changent à chaque moment cette décoration par les plus beaux accidens de lumière. La succession régulière des jours et des nuits, que fait-elle entendre? Le soleil ne manque jamais, depuis tant de siècles, à servir les hommes, qui ne peuvent se passer de lui. L'aurore, depuis des milliers d'années, n'a pas manqué une seule fois d'annoncer le jour. Elle le commence à point nommé, au moment et au lieu réglés. Le soleil, dit l'Écriture, sait où il doit se coucher chaque jour. Par là il éclaire tour à tour les deux côtés du monde, et visite tous ceux auxquels il doit ses rayons. Le jour est le temps de la société et du travail. La nuit, enveloppant de ses ombres la terre, finit tour à tour toutes les fatigues et adoucit toutes les peines ; elle suspend, elle calme tout ; elle répand le silence et le sommeil. En délassant le corps, elle renouvelle les esprits. Bientôt le jour revient pour rappeler l'homme au travail et pour ranimer toute la nature.

QUESTIONNAIRE.

Points de rappel.

La voûte du ciel digne d'admiration.
Fierté de l'homme en présence du ciel.
L'homme ne saurait imiter parfaitement la nature.
Différence du jour et de la nuit.

DU SOLEIL.

Mais, outre le cours si constant qui forme les jours et les nuits, le soleil nous en montre un autre par lequel il s'approche pendant six mois d'un pôle, et au bout de six mois revient avec la même diligence sur ses pas, pour visiter l'autre. Ce bel ordre fait qu'un seul soleil suffit à toute la terre. S'il était plus grand dans la même distance, il embraserait tout le monde ;

la terre s'en irait en poudre. Si, dans la même distance, il était moins grand, la terre serait toute glacée et inhabitable. Si, dans la même grandeur, il était plus voisin de nous, il nous enflammerait. Si, dans la même grandeur, il était plus éloigné de nous, nous ne pourrions subsister dans le globe terrestre faute de chaleur. Quel compas, dont le tour embrasse le ciel et la terre, a pris des mesures si justes ? Cet astre ne fait pas moins de bien à la partie dont il s'éloigne pour la tempérer qu'à celle dont il s'approche pour la favoriser de ses rayons. Ses regards bienfaisants fertilisent tout ce qu'il voit. Ce changement fait celui des saisons, dont la variété est si agréable. Le printemps fait taire les vents glacés, montre les fleurs et promet les fruits. L'été donne les riches moissons. L'automne répand les fruits promis par le printemps. L'hiver, qui est une espèce de nuit où l'homme se délasse, ne concentre tous les trésors de la terre qu'afin que le printemps suivant les déploie avec toutes les grâces de la nouveauté. Ainsi la nature, diversement parée, donne tour à tour tant de nouveaux spectacles, qu'elle ne donne jamais à l'homme le temps de se dégoûter de ce qu'il possède.

Mais comment est-ce que le cours du soleil peut être si régulier? Il paraît que cet astre n'est qu'un globe de flamme très-subtile, et par conséquent très-fluide. Qui est-ce qui tient cette flamme si mobile et si impétueuse dans les bornes précises d'un globe parfait? Quelle main conduit cette flamme dans un chemin si droit, sans qu'elle s'échappe jamais d'aucun côté? Cette flamme ne tient à rien, et il n'y a aucun corps qui puisse la guider ni la tenir assujettie. Elle consumerait bientôt tout corps qui la tiendrait renfermée dans son enceinte. Où va-t-elle? Qui lui a appris à tourner sans cesse et si régulièrement, dans des espaces où rien ne la gêne? Ne circule-t-elle pas autour de nous tout exprès pour nous servir? Que si cette flamme ne tourne pas, et si, au contraire, c'est nous qui tournons autour d'elle, je demande d'où vient qu'elle est si bien placée dans le centre de l'univers, pour être comme le foyer ou le cœur de toute la nature? Je demande d'où vient que ce globe, d'une matière si subtile, ne s'échappe jamais, d'aucun côté, dans ces espaces immenses qui l'environnent, et où les corps qui sont fluides semblent devoir céder à l'impétuosité de cette flamme?

Enfin, je demande d'où vient que le globe de

la terre, qui est si dur, tourne si régulièrement autour de cet astre , dans des espaces où nul corps solide ne le tient assujetti pour régler son cours? Qu'on cherche tant qu'on voudra dans la physique les raisons les plus ingénieuses pour expliquer ce fait, toutes ces raisons (supposez même qu'elles soient vraies) se tourneront en preuve de la Divinité. Plus ce ressort qui conduit la machine de l'univers est juste, simple, constant, assuré et fécond en effets utiles, plus il faut qu'une main très-puissante et très-industrieuse ait su choisir ce ressort le plus parfait de tous.

QUESTIONNAIRE.

Points de rappel.

Cours du soleil.

Il suffit à toute la nature.

Juste distance où Dieu l'a placé.

Grandeur de Dieu dans la création de ses œuvres.

Marche des saisons.

Différents spectacles offerts par la nature.

Mouvement de la terre.

DES ASTRES.

Mais regardons encore une fois ces voûtes immenses où brillent les astres, et qui couvrent nos têtes. Si ce sont des voûtes solides, qui en est l'architecte? Qui est-ce qui a attaché tant de grands corps lumineux à certains endroits de ces voûtes, de distance en distance? Qui est-ce qui fait tourner ces voûtes si régulièrement autour de nous? Si, au contraire, les cieux ne sont que des espaces immenses remplis de corps fluides, comme l'air qui nous environne, d'où vient que tant de corps solides y flottent sans s'enfoncer jamais et sans se rapprocher jamais les uns des autres? Depuis tant de siècles que nous avons des observations astronomiques, on est encore à découvrir le moindre dérangement dans les cieux. Un corps fluide donne-t-il un dérangement si constant et si régulier aux corps qui nagent circulairement dans son enceinte? Mais que signifie cette multitude presque innombrable d'étoiles? La profusion avec laquelle la main de Dieu les a répandues sur son ouvrage fait voir qu'elles ne coûtent rien à sa puissance. Il en a semé les cieux, comme un prince magnifique répand l'argent à pleines mains, ou comme il met des pierreries sur un habit. Que quelqu'un dise, tant qu'il lui plaira, que ce sont autant de mondes semblables à la terre que nous habitons, je le suppose pour un moment. Combien doit être puissant et sage celui qui fait des mondes aussi innombrables que les grains de sable qui couvrent les rivages des mers, et qui conduit sans peine, pendant tant de siècles, tous ces mondes errants, comme un berger conduit un troupeau ! Si, au contraire, ce sont seulement des flambeaux allumés pour luire à nos yeux dans ce petit globe qu'on nomme la terre, quelle puissance que rien ne lasse, et à qui rien ne coûte ! Quelle profusion pour donner à l'homme, dans ce petit coin de l'univers, un spectacle si étonnant !

Mais, parmi ces astres, j'aperçois la lune, qui semble partager avec le soleil le soin de nous éclairer. Elle se montre à point nommé, avec toutes les étoiles, quand le soleil est obligé d'aller ramener le jour dans un autre hémisphère. Ainsi, la nuit même, malgré ses ténèbres, a une lumière, sombre à la vérité, mais douce et utile. Cette lumière est empruntée du soleil, quoique absent. Ainsi, tout est ménagé dans l'univers avec un si bel art, qu'un globe voisin de la terre, et aussi ténébreux qu'elle par lui-même, sert néanmoins à lui renvoyer, par réflexion, les rayons qu'il reçoit du soleil, et que ce soleil éclaire par la lune les peuples qui ne peuvent le voir pendant qu'il doit en éclairer d'autres.

Le mouvement des astres, dira-t-on, est régi par des lois immuables. Je suppose ce fait; mais c'est ce fait même qui prouve ce que je veux établir. Qui est-ce qui a donné à toute la nature des lois tout ensemble si constantes et si salutaires, des lois si simples, qu'on est tenté de croire qu'elles s'établissent d'elles-mêmes, et si fécondes en effets utiles , qu'on ne peut s'empêcher d'y reconnaître un art merveilleux ? D'où nous vient la conduite de cette machine universelle qui travaille sans cesse pour nous sans que nous y pensions? A qui attribuerons-nous l'assemblage de tant de ressorts si profonds et si bien concertés, et de tant de corps grands et petits, visibles et invisibles, qui conspirent également pour nous servir? Le moindre atome de cette machine qui viendrait à se déranger démonterait toute la nature. Les ressorts d'une montre ne sont point liés avec tant d'industrie et de justesse.

Quel est donc ce dessein si étendu, si suivi, si beau, si bienfaisant? La nécessité de ces lois, loin de m'empêcher d'en chercher l'auteur, ne fait qu'augmenter ma curiosité et mon admiration. Il fallait qu'une main également industrieuse et puissante mît dans son ouvrage un ordre également simple et fécond, constant et utile. Je ne crains donc pas de dire, avec l'Écriture, que chaque étoile se hâte d'aller où le Seigneur l'envoie, et que quand il parle, elles répondent avec tremblement : Nous voici : *Ecce adsumus.*

QUESTIONNAIRE.

Points de rappel.

Des astres.

Leur marche régulière.

Peu d'importance de la terre en présence des astres.

DES ANIMAUX.

Tournons nos regards vers les animaux, encore plus dignes d'admiration que les cieux et les astres. Il y en a des espèces innombrables. Les uns n'ont que deux pieds, d'autres en ont quatre, d'autres en ont un très-grand nombre. Les uns marchent, les autres rampent; d'autres volent, d'autres nagent; d'autres volent, marchent et nagent tout ensemble. Les ailes des oiseaux et les nageoires des poissons sont comme des rames qui fendent la vague de l'air ou de l'eau, et qui conduisent le corps flottant de l'oiseau ou du poisson, dont la structure est semblable à celle d'un navire. Mais les ailes des oiseaux ont des plumes avec un duvet qui s'enfle à l'air, et qui s'appesantirait dans les eaux. Au contraire, les nageoires des poissons ont des pointes dures et sèches, qui fendent l'eau sans en être imbibées, et qui ne s'appesantissent point quand on les mouille. Certains oiseaux qui nagent, comme les cygnes, élèvent en haut leurs ailes et tout leur plumage, de peur de le mouiller, et afin qu'il leur serve comme de voiles. Ils ont l'art de tourner ce plumage du côté du vent, et d'aller, comme les vaisseaux, à la bouline, quand le vent ne leur est pas favorable. Les oiseaux aquatiques, tels que les canards, ont aux pattes de grandes peaux qui s'étendent et font des raquettes à leurs pieds, pour les empêcher d'enfoncer dans les bords marécageux des rivières.

Parmi ces animaux, les bêtes féroces, telles que les lions, sont celles qui ont les muscles les plus gros aux épaules, aux cuisses et aux jambes : aussi ces animaux sont-ils souples, agiles, nerveux et prompts à s'élancer. Les os de leur mâchoire sont prodigieux, à proportion du reste de leur corps. Ils ont des dents et des griffes, qui leur servent d'armes terribles pour déchirer et pour dévorer d'autres animaux. Par la même raison, les oiseaux de proie, comme les aigles, ont un bec et des ongles qui percent tout. Les muscles de leurs ailes sont d'une extrême grandeur et d'une chair très-dure, afin que leurs ailes aient un mouvement plus fort et plus rapide. Aussi ces animaux, quoique assez pesants, s'élèvent-ils sans peine jusque dans les nues, d'où ils s'élancent comme la foudre sur toute proie qui peut les nourrir. D'autres animaux ont des cornes. La plus grande force des uns est dans les reins et dans le cou; d'autres ne peuvent que ruer. Chaque espèce a ses armes offensives et défensives. Leurs chasses sont des espèces de guerre qu'ils font les uns contre les autres pour les besoins de la vie. Ils ont aussi leur règle et leur police. L'un porte, comme la tortue, sa maison, dans laquelle il est né, l'autre bâtit la sienne, comme les oiseaux, sur les plus hautes branches des arbres, pour préserver ses petits de l'insulte des animaux qui ne sont point ailés; il pose même son nid dans les feuillages les plus épais, pour le cacher à ses ennemis. Un autre, comme le castor, va bâtir jusqu'au fond des eaux d'un étang l'asile qu'il se prépare, et sait élever des digues pour le rendre inaccessible à l'inondation. La taupe naît avec un museau pointu et si aiguisé, qu'il perce en un moment le terrain le plus dur, pour se faire une retraite souterraine. Le renard sait creuser un terrier avec deux issues, pour n'être point surpris, et pour éluder les piéges du chasseur. Les animaux reptiles sont d'une autre fabrique. Ils se plient et replient par les évolutions de leurs muscles; ils gravissent, ils embrassent, ils serrent, ils accrochent les corps qu'ils rencontrent; ils se glissent subtilement partout. Leurs organes sont presque indépendants les uns des autres : aussi vivent-ils encore après qu'on les a coupés. Les oiseaux, dit Cicéron, qui ont les jambes longues, ont aussi le cou long à proportion, pour pouvoir abaisser leur bec jusqu'à terre, et y prendre leurs aliments. Le chameau est de même. L'éléphant, dont le cou serait trop pesant pour sa grosseur, s'il était aussi long que celui du chameau, a été pourvu d'une trompe, qui est un tissu de nerfs et de muscles qu'il allonge, qu'il retire, qu'il replie en tous sens, pour saisir les corps, pour les enlever et pour les repousser : aussi les Latins ont-ils appelé cette trompe une main.

Certains animaux paraissent faits pour l'homme. Le chien est né pour le caresser, pour se dresser comme il lui plaît, pour lui donner une image agréable de société, d'amitié, de fidélité et de tendresse, pour garder tout ce qu'on lui confie, pour prendre à la course beaucoup d'autres bêtes avec ardeur, et pour les laisser ensuite à l'homme, sans en rien retenir. Le cheval et les autres animaux semblables se trouvent sous la main de l'homme pour le soulager dans son travail et pour se charger de mille fardeaux. Ils sont nés pour porter, pour marcher, pour soulager l'homme dans sa faiblesse, et pour obéir à tous ses mouvements. Les bœufs ont la force et la patience en partage, pour traîner la charrue et pour labourer; les vaches donnent des ruisseaux de lait; les moutons ont dans leurs toisons un superflu qui n'est pas pour eux, et qui se renouvelle pour inviter l'homme à les tondre toutes les années; les chèvres même fournissent un crin long qui leur est inutile, et dont l'homme fait des étoffes pour se couvrir. Les peaux des animaux fournissent à l'homme les plus belles fourrures dans les pays les plus éloignés du soleil. Ainsi l'auteur de la nature a vêtu les bêtes selon leurs besoins, et leurs dépouilles servent ensuite d'habits aux hommes pour les réchauffer dans les climats glacés. Les animaux qui n'ont presque point de poil ont une peau très-épaisse et très-dure, comme des écailles; d'autres ont des écailles même qui se couvrent les unes les autres comme les tuiles d'un toit, et qui s'entr'ouvrent ou se resserrent suivant qu'il convient à l'animal de se dilater, de se resserrer. Ces peaux et ces écailles servent aux besoins des hommes. Ainsi, dans la nature, non-seulement les plantes, mais encore les animaux, sont faits pour notre usage. Les bêtes farouches même s'apprivoisent, ou du moins craignent l'homme. Si tous les pays étaient peuplés et policés comme ils devraient l'être, il n'y en aurait point où les bêtes attaquassent les hommes. On ne trouverait plus d'animaux féroces que dans les forêts reculées, et on les réserverait pour exercer la hardiesse, la force et l'adresse du genre humain, par un jeu qui représenterait la guerre, sans qu'on eût jamais besoin de guerre véritable entre les nations. Mais observez que les animaux nuisibles à l'homme sont les moins féconds, et que les plus utiles sont ceux qui se multiplient davantage. On tue incomparablement plus de bœufs et de moutons qu'on ne tue d'ours et de loups; il y a néanmoins incomparablement moins d'ours et de loups que de bœufs et de moutons sur la terre. Remarquez encore, avec Cicéron, que les femelles de chaque espèce ont des mamelles dont le nombre est proportionné à celui des petits qu'elles portent ordinairement. Plus elles portent de petits, plus la nature leur a fourni de sources de lait pour les allaiter.

Pendant que les moutons font croître leur laine pour nous, les vers à soie nous filent à l'envi de riches étoffes, et se consument pour nous les donner. Ils se font de leur coque une espèce de tombeau dans leur propre ouvrage, et ils renaissent sous une figure étrangère, pour se perpétuer. D'un autre côté, les abeilles vont recueillir avec soin le suc des fleurs odoriférantes, pour en composer leur miel, et elles le rangent avec un ordre qui nous peut servir de modèle. Beaucoup d'insectes se transforment tantôt en mouches, tantôt en vers. Si on les trouve inutiles, on doit considérer que ce qui fait partie du grand spectacle de la nature, et qui contribue à sa variété, n'est point sans usage pour les hommes tranquilles et attentifs. Qu'y a-t-il de plus beau et de plus magnifique que ce grand nombre de républiques d'animaux si bien policés, et dont chaque espèce est une construction différente des autres ? Tout montre combien la façon de l'ouvrier surpasse la vile matière qu'il a mise en œuvre. Tout m'étonne, jusqu'aux moindres moucherons. Si on les trouve incommodes, on doit remarquer que l'homme a besoin de quelques peines mêlées avec ses commodités. Il s'amollirait, il s'oublierait lui-même, s'il n'avait rien qui modérât ses plaisirs et qui exerçât sa patience.

DU CORPS DE L'HOMME.

Il y a une portion de matière que je nomme *mon corps*, parce que ses mouvements dépendent de mon seul vouloir, au lieu que nul autre corps ne dépend de ma volonté. Cette portion de matière me paraît façonnée exprès pour toutes les fonctions auxquelles elle sert. Je vois un corps fait avec symétrie : il est posé sur deux cuisses et sur deux jambes égales et bien proportionnées. Veux-je demeurer debout et immobile, mes cuisses et mes jambes sont droites et fermes comme des colonnes qui portent tout cet édifice. Au contraire, veux-je marcher, ces deux grandes colonnes se trouvent brisées par des jointures ; pendant que l'une se trouve appuyée pour me soutenir, l'autre s'avance pour me porter vers les objets dont je veux m'approcher ; mais ce corps, en se penchant, sait se planter, en sorte qu'il garde un parfait équilibre pour ne pas tomber. Le corps, proportionné à ses deux soutiens, est fortifié par des côtes bien rangées en demi-cercle, qui viennent se joindre par devant. Elles sortent toutes de l'épine du dos, qui est formée de vertèbres, c'est-à-dire de petits ossements très-durs emboîtés les uns dans les autres ; en sorte que le dos est très-étroit et très-ferme quand il me plaît, et très-flexible pour se courber et pour se pencher dès que j'en ai besoin. Les côtes servent à renfermer et à tenir en sûreté les principaux organes, qui sont comme le centre de la vie, et dont la délicatesse est extrême : elles laissent néanmoins entre elles un intervalle à l'endroit précis où j'en ai besoin, pour faciliter l'élargissement ou le resserrement de toutes ces parties internes, par rapport à la respiration et aux autres opérations vitales. Mon cœur est comme la source d'où part avec impétuosité le sang qui va, par des rameaux innombrables, arroser et fertiliser toutes les campagnes. Ce sang, qui se ralentit dans sa course, revient des extrémités du corps au centre, pour s'y rallumer et pour y reprendre de nouveaux esprits. Les poumons sont des soufflets qui font la respiration. L'estomac est un réservoir qui reçoit tous les aliments; il a des sucs tout propres pour les dissoudre et pour les convertir en une espèce de lait qui devient ensuite du sang. Le gosier, quand il est bien formé, est le plus parfait de tous les instruments de musique. Tout est merveilleux dans le corps humain, jusqu'aux organes mêmes des fonctions les plus viles et les plus abjectes qu'on ne nomme pas. Il n'y a dans tout ce corps aucun ressort interne qui ne surpasse toute l'industrie des mécaniques. Vers le haut de ce corps pendent deux bras qui sont brisés par des jointures; en sorte qu'ils se meuvent presque en tout sens. Ils sont terminés par deux mains qui s'allongent et qui se replient par les articles des doigts armés d'ongles. Que pourrait-on jamais inventer de plus propre à saisir, à repousser, à porter, à traîner, à séparer les corps voisins, à démêler les choses entrelacées, à faire les ouvrages les plus rudes ou les plus délicats?

Au-dessus de ce corps s'élève le cou, qui se dresse ou qui se penche, qui se tourne à droite ou à gauche, selon les besoins, et qui porte la tête, siége des principales sensations. Le derrière de la tête est couvert de cheveux qui l'ornent et le fortifient. Le devant est le visage, où les deux yeux, égaux et placés avec symétrie, semblent allumés d'une flamme céleste. Le nez sert à relever le visage, et il est en même temps l'organe de l'odorat. Les oreilles sont aux deux côtés, pour entendre à droite et à gauche. Ces sensations principales sont doubles, non-seuseulement pour les rendre plus promptes et plus faciles des deux côtés, mais encore pour préparer une ressource dans les accidents où l'un des deux organes serait blessé. La bouche est, par les lèvres, un grand ornement du visage : quand elle s'ouvre, elle montre un double rang de dents destinées à briser les aliments et à en préparer la digestion. La langue, souple et humide, va toucher le palais et les dents en tant de manières, qu'elle articule assez de sons pour en composer tout le langage du genre humain. Mais je n'ai garde de vouloir remarquer tout l'artifice de mon corps ; je ne fais que l'effleurer. Il est infini : plus on l'approfondit, plus on y trouve un art qui surpasse infiniment l'art de tous les hommes. Le corps humain est la plus composée et la plus industrieuse de toutes les machines.

Du corps des animaux.

Si je passe de mon corps aux autres corps qui m'environnent, non-seulement j'aperçois un grand nombre d'autres corps semblables au mien, mais encore je vois de tous côtés des animaux faits, pour ainsi dire, sur divers patrons. Les uns marchent à quatre pieds, les autres ont des ailes pour voler dans l'air, les autres des nageoires pour nager dans l'eau. Les navires que les hommes construisent avec tant d'art, suivant des règles si savantes, ne sont que des copies faites d'après ces oiseaux et ces poissons qui voguent dans ces deux éléments liquides, dont l'un est un peu plus épais que l'autre. De ces animaux, les uns nous servent à porter des fardeaux, comme le cheval et le chameau ; d'autres servent par leur force, comme les bœufs, à suppléer à notre force bornée, puis ce même animal devient notre aliment : d'autres, comme les brebis, nous nourrissent de leur lait et nous vêtent de leur laine. L'homme sait dominer par force ou par industrie, sur tous les animaux, et les plier à son usage. Un vermisseau, une fourmi, un moucheron, montrent cent fois plus d'art et d'industrie que l'horloge la plus parfaite.

LECTURES D'ÉDUCATION.

Vous avez pu voir, mes chers enfants, ce que vaut l'éducation à ceux qui en profitent; que serait, en effet, devenu Télémaque, sans les conseils réitérés de Mentor, qui a été, pour ainsi dire, à l'égard de ce jeune prince, le génie de l'éducation, sans cesse occupé à le veiller, à le suivre pas à pas? Le nom de Mentor ne sera donc plus une énigme pour vous. Vous vous souviendrez de ce nom chéri pour le donner aux personnes qui se sont vouées à vous instruire et à vous diriger.

De tout temps on a senti combien une bonne éducation offre de précieux avantages; elle éclaire et mûrit l'esprit, et, changeant peu à peu le caractère le plus indocile, elle parvient à faire naître des qualités aussi brillantes que solides. Ce n'est pas encore là que se borne son pouvoir, elle produit des effets plus admirables; tandis qu'elle dissipe les ténèbres de l'ignorance, qu'elle comble les vœux des parents, elle découvre des vérités sublimes et augustes, elle pénètre le cœur de la jeunesse d'un profond respect pour la religion ; et, tout en faisant des chrétiens, elle assure à l'État des défenseurs intrépides et des citoyens éclairés. Mais que les succès dont il jouit enfin coûtent d'efforts pénibles à l'instituteur qui veut pratiquer tous ses devoirs ! Si l'on en connaissait vraiment toute l'étendue, on s'étonnerait davantage du zèle qui l'anime, et l'on s'empresserait moins d'entrer dans une carrière où il est si difficile de se couvrir de gloire. Sans parler des obligations infinies que contractent les maîtres envers leurs élèves, du travail continuel et souvent rebutant auquel ils s'assujettissent, et de l'attention et de la vigilance qu'il est nécessaire d'avoir, il suffit de considérer qu'avec l'amour des talents, il doit inspirer celui de la sagesse. Eh ! quelle tâche laborieuse que celle d'éclairer l'esprit et le cœur d'une jeunesse impétueuse et presque toujours indocile ! Toutes les jeunes plantes qui lui sont confiées ne répondent pas également à la culture qu'il leur donne ; souvent chacune d'elles exige des soins différents ; et il en est quelquefois qui résistent longtemps aux soins multipliés de l'art. Cependant l'homme qui se consacre à élever ces jeunes plantes est responsable de la lenteur avec laquelle elles se développent, et l'on a l'injustice de vouloir qu'il force la nature, et leur fasse porter tout de suite et des fleurs et des fruits.

La variété réveille l'attention des jeunes gens, et ils s'instruisent en ne croyant que s'amuser. Une seule langue, une seule science pourrait les fatiguer et les rebuter même ; mais la réunion de plusieurs arts les délasse agréablement et leur fait trouver des charmes dans l'étude et dans l'application.

Les maîtres vraiment éclairés emploient un moyen encore plus puissant ; c'est celui de l'amour-propre. Cette passion si utile, quand elle est bien dirigée, et sans laquelle on ne verrait que des hommes ordinaires, sert à redoubler dans les élèves l'ardeur pour le travail. Ils seraient bien moins flattés des talents qu'ils acquièrent, si l'on ne faisait naître entre eux une sage émulation, et s'ils n'avaient occasion, au moins une fois chaque année, de les montrer avec un certain éclat et à leur famille et aux amis de leurs parents.

Mais la religion est la base d'une éducation solide et vertueuse ; elle en rend les fruits précieux et immortels ; ses leçons sublimes, qu'un instituteur imprime dans de jeunes cœurs susceptibles de recevoir toutes sortes d'impres-

sions, s'y gravent en caractères ineffaçables,
préparent le bonheur de la vie, assurent une
douce consolation dans les maux dont elle est
semée. Que de biens inestimables, que de vertus découlent de cette source pure et sacrée !
Elle apprend à chérir ses devoirs, elle forme
des esprits dociles et soumis, des hommes sensibles et bienfaisants, des maîtres compatis-
sants et remplis de douceur ; en un mot, on lui
doit les vrais citoyens. Que les lois seraient
faibles sans la religion ! Elle s'annonce par la
persuasion ; elle touche plutôt qu'elle n'épouvante ; elle étend son pouvoir jusque sur les
vices cachés, et sans elle la société serait chaque jour troublée par un plus grand nombre de
crimes. L'honneur n'est souvent qu'un préjugé
qui entraîne, subjugue et opère des actions
très-louables ; mais la voix de la religion est
encore plus puissante ; en éclairant les cœurs,
elle produit le véritable héroïsme. Quels sont
les devoirs que prescrit l'honneur, et quelles
sont ses récompenses ? Il flatte plusieurs de
nos passions, et promet une gloire mondaine,
au lieu que la religion commande de faire le
bien en secret, ordonne les plus grands sacri-
fices, et n'accorde au chrétien que la satisfaction intérieure d'avoir pratiqué ses devoirs.
Qu'il est difficile de faire goûter aux hommes

ces grandes vérités ! Que d'obstacles empêchent surtout d'en pénétrer le cœur de la jeunesse ! Aussi peut-on assurer qu'un élève parfaitement chrétien est le chef-d'œuvre et le
triomphe d'un instituteur, puisqu'il voit sortir
de ses mains l'homme honnête et estimable,
chéri et respecté de tous ceux qui le connaissent. Éprouverait-il une satisfaction si vive
s'il n'avait à s'applaudir que de l'éducation
d'un savant, ou de l'un de ces êtres agréables
qui font les délices d'un monde frivole ? Non
il jouit d'une gloire vraiment digne d'envie ; il
a donné à son élève les qualités aimables et
utiles en lui inspirant avec la piété l'amour des
sciences. Croira-t-on toujours que la religion
est ennemie des arts et des talents ? Elle les
dirige vers la vertu, et les rend propres à faire
le bonheur de la société.

CARACTÈRE DE L'ÉLÈVE DE FÉNÉLON.

Lorsque le vertueux archevêque de Cambrai
commença l'éducation de M. le duc de Bourgogne, les dispositions de ce prince étaient si terribles qu'elles faisaient trembler. Dur, colère
jusqu'aux derniers emportements contre les

choses inanimées, impétueux avec fureur, incapable de souffrir la moindre résistance, même des heures et des éléments, sans entrer dans des fougues à faire craindre que tout ne se rompît dans son corps ; c'est ce dont j'ai été souvent témoin : opiniâtre à l'excès, passionné pour tous les plaisirs, la bonne chère, la chasse avec fureur, la musique avec une sorte de ravissement, et le jeu encore, où il ne pouvait supporter d'être vaincu, et où le danger avec lui était extrême ; enfin, livré à toutes les passions et transporté de tous les plaisirs, souvent farouche, naturellement porté à la cruauté, barbare en raillerie, saisissant les ridicules avec une justesse qui les assommait; de la hauteur des cieux, il ne regardait les hommes que comme des atomes avec qui il n'avait aucune ressemblance, quels qu'ils fussent. A peine les princes ses frères lui paraissaient intermédiaires entre lui et le genre humain, quoiqu'on eût toujours affecté de les élever tous trois dans une égalité parfaite. L'esprit, la pénétration brillaient en lui de toutes parts, jusque dans ses emportements ; ses reparties étonnaient, ses réponses tendaient toujours au juste, au profond, même dans ses fureurs ; il se jouait des connaissances les plus abstraites ; l'étendue et la vivacité de son esprit étaient prodigieuses, et l'empêchaient de s'appliquer à une seule chose à la fois jusqu'à l'en rendre incapable.

Tel était le prince confié à Fénélon. Tout était à craindre d'un pareil caractère, tout était à espérer d'une âme comme la sienne. Cependant, grâce aux soins qu'il apporta à profiter des leçons de Fénélon et des autres personnes chargées de son éducation, voici ce qu'il devint :

L'éducation en fit un tout autre homme, et changea de si redoutables défauts en vertus parfaitement contraires. De cet abîme sortit un prince affable, doux, humain, modéré, patient, modeste, humble et austère pour soi, tout appliqué à ses obligations et les comprenant immenses ; il ne pensa plus qu'à allier les devoirs de fils et de sujet à ceux auxquels il se voyait destiné.

Des Avantages de la Religion.

Je ne sais rien, mes enfants, de plus propre à donner le goût de la religion et à en faire comprendre les avantages que le morceau suivant de Fénélon :

Rappelez-vous tous les grands hommes qu'elle a soumis dans tous les siècles ; des princes si magnanimes, des conquérants si religieux, des pasteurs si vénérables, des philosophes si éclairés, des savants si estimés, des beaux-esprits si vantés dans leur siècle ; des martyrs, des généraux, des anachorètes si pénitents, des vierges si pures et si constantes, des héros, en tout genre de vertu. La philosophie prêchait une sagesse trompeuse, mais son sage ne se trouvait nulle part. Ici quelle nuée de témoins ! quelle tradition non interrompue de héros chrétiens depuis le sang d'Abel jusqu'à nos jours !

Or, je vous demande, rougirez-vous de marcher sur les traces de tant de noms illustres ? Mettez d'un côté tous les grands hommes que la religion a donnés au monde dans tous les siècles, et de l'autre côté ce petit nombre d'esprits noirs que l'incrédulité a produits. Vous paraît-il plus glorieux de vous ranger dans ce dernier parti ? de prendre pour vos guides et pour vos modèles ces hommes dont les noms ne se présentent à notre souvenir qu'avec horreur, ces monstres qu'il a plu à la Providence de permettre que la nature enfantât de temps en temps ; ou les Abraham, les Joseph, les

Moïse, les David, les hommes apostoliques, les justes de l'ancien et du nouveau monde ? Soutenez, si vous le pouvez, ce parallèle. Ah ! disait autrefois saint Jérôme, dans une occasion différente, si vous me croyez dans l'erreur, il m'est glorieux de me tromper avec de tels guides.

PREMIÈRE PARTIE.

Devoirs envers Dieu,

EXERCICES.

Mots que l'Élève doit bien comprendre.

Adoration. — Loi de Dieu. — Ce que l'on peut demander à Dieu. — Comment il faut aimer Dieu.

— Qu'arrive-t-il aux personnes sans religion ?

Les devoirs que vous devez à vos parens et à vos maîtres regardent-ils Dieu ?

La colère de Dieu n'est que l'effet de sa justice.

Dévouement à la Famille.

La carrière de nos actions commence dans la famille ; la maison paternelle est en quelque sorte la première arène où nos vertus doivent s'exercer.

A peine sommes-nous au monde, que la nature nous crie d'aimer nos parents. La postérité la plus reculée redira le beau trait de ce jeune enfant qui, placé à l'école militaire, se contentait de manger de la soupe et du pain sec, parce que chez son père on faisait de plus mauvais dîners. Objets des soins d'un même père et d'une même mère, des enfants doivent être unis par les liens de l'affection ; afin que la paix et le bonheur habitent la maison paternelle. Dispersés dans le monde, les parents doivent se souvenir que les liens du sang les unissent, et ne point préférer un étranger. Si un frère est dans l'adversité, sa sœur ne peut l'abandonner sans outrager la nature. Julie d'Angennes, marquise de Rambouillet, en soignant son frère, malade de la peste, en donna un sublime exemple.

DEUXIÈME PARTIE.

———

Devoirs envers la Société.

Questions à adresser aux Élèves.

Que veut dire le mot société?

Comment peut-on sans mourir ne plus faire partie de la société?

Par quel acte rentre-t-on dans la société?

Qu'est-ce que la réhabilitation?

Quels sont les effets de la justice dans le monde?

Qu'est-ce que la considération?

Du respect.

A qui est-il dû?

Qu'est-ce que la tendresse?

Comment faut-il appeler l'enfant qui manque à ses parents et à ses maîtres?

De l'amour filial.

De l'amour du prochain.

Expliquer ces différents sentiments.

Aumône.

Bienfaisance.

Bonne foi.

Dévouement.

La richesse est-elle nécessaire pour faire beaucoup de bien?

L'histoire nous montre que les personnes qui ont fait le plus de bien sont celles qui avaient le moins de ressources.

Saint Vincent de Paul. — Racontez son histoire en quelques phrases.

Qu'entend-on par désintéressement?

De la force.

Ce que l'on doit en faire.

De l'abus de la force.

Libéralité. — Patience. —Fidélité. — Franchise. — Flatterie.

DE L'ÉCOLIER.

Sujets ordinaires de ses conversations.

Tous les hommes travaillent. L'instruction leur est donnée pour les rendre propres à des travaux plus importants.

Et que doit se proposer un bon écolier?

De l'importance des leçons.

Des jeux.—Des récompenses.—Des punitions. — Jours de sortie. — Conduite à tenir chez ses parents. — Des visites que l'on peut faire.

Qualités et défauts qui le regardent principalement.

<table>
<tr><td>Travail.</td><td>Jalousie.</td></tr>
<tr><td>Amitié.</td><td>Probité.</td></tr>
<tr><td>Reconnaissance.</td><td>Modestie.</td></tr>
<tr><td>Présomption.</td><td>Constance.</td></tr>
<tr><td>Jurements.</td><td>Colère.</td></tr>
<tr><td>Repentir.</td><td>Émulation.</td></tr>
<tr><td>Concorde.</td><td>Bonnes manières.</td></tr>
</table>

FABLES.

—

Les deux Renards.

Deux renards entrèrent la nuit par surprise dans un poulailler; ils étranglèrent le coq, les poules et les poulets : après ce carnage, ils apaisèrent leur faim. L'un, qui était jeune et ardent, voulait tout dévorer; l'autre, qui était vieux et avare, voulait garder quelque provision pour l'avenir. Le vieux disait : Mon enfant, l'expérience m'a rendu sage; j'ai vu bien des choses depuis que je suis au monde. Ne mangeons pas tout notre bien en un seul jour. Nous avons fait fortune; c'est un trésor que nous avons trouvé, il faut le ménager. Le jeune répondit: Je veux tout manger pendant que j'y suis, et me rassasier pour huit jours: car, pour ce qui est de revenir ici, chansons! il n'y fera pas bon demain; le maître, pour venger la mort de ses poules, nous assommerait. Après cette conversation, chacun prend son parti. Le jeune mange tant, qu'il se crève, et peut à peine aller mourir dans son terrier. Le vieux, qui se croit bien plus sage de modérer ses appétits et de vivre d'économie, retourne le lendemain à sa proie, et est assommé par le maître.

Ainsi chaque âge a ses défauts : les jeunes gens sont fougueux et insatiables dans leurs plaisirs; les vieux sont incorrigibles dans leur avarice.

Le Loup et le jeune Mouton.

Des moutons étaient en sûreté dans leur parc ; les chiens dormaient, et le berger, à l'ombre d'un grand ormeau, jouait de la flûte avec d'autres bergers voisins. Un loup affamé vint, par les fentes de l'enceinte, reconnaître l'état du troupeau. Un jeune mouton sans expérience, et qui n'avait jamais rien vu, entra en conversation avec lui. Que venez-vous chercher ici ? dit-il au glouton. L'herbe tendre et fleurie, lui répondit le loup. Vous savez que rien n'est plus doux que de paître dans une verte prairie émaillée de fleurs, pour apaiser sa faim, et d'aller éteindre sa soif dans un clair ruisseau : j'ai trouvé ici l'un et l'autre. Que faut-il davantage?

J'aime la philosophie, qui enseigne à se contenter de peu. Il est donc vrai, repartit le jeune mouton, que vous ne mangez point la chair des animaux, et qu'un peu d'herbe vous suffit? Si cela est, vivons comme frères, et paissons ensemble. Aussitôt le mouton sort du parc dans la prairie, où le sobre philosophe le mit en pièces et l'avala.

Défiez-vous des belles paroles des gens qui se vantent d'être vertueux. Jugez-les par leurs actions et non par leurs discours.

Le Renard puni de sa curiosité.

Un renard des montagnes d'Aragon, ayant vieilli dans la finesse, voulut donner ses derniers jours à la curiosité. Il prit le dessein d'aller voir en Castille le fameux Escurial, qui est le palais des rois d'Espagne, bâti par Philippe II. En arrivant il fut surpris, car il était peu accoutumé à la magnificence : jusqu'alors il n'avait vu que son terrier, et le poulailler d'un fermier voisin, où il était d'ordinaire assez mal reçu. Il voit là des colonnes de marbre, là des portes d'or, des bas-reliefs de diamant. Il entra dans plusieurs chambres dont les tapisseries étaient admirables ; on y voyait des chasses, des combats, des fables où les dieux se jouaient parmi les hommes ; enfin l'histoire de don Quichotte, où Sancho, monté sur son grison, allait gouverner l'île que le duc lui avait confiée. Puis il aperçut des cages où l'on avait renfermé des lions et des léopards. Pendant que le renard regardait ces merveilles, deux chiens du palais l'étranglèrent. Il se trouva mal de sa curiosité.

L'Abeille et la Mouche.

Un jour une abeille aperçut une mouche auprès de sa ruche. Que viens-tu faire ici ? lui dit-elle d'un ton furieux. Vraiment, c'est bien à toi, vil animal, à te mêler avec les reines de l'air ! Tu as raison, reprit froidement la mouche : on a toujours tort de s'approcher d'une nation aussi fougueuse que la vôtre. Rien n'est plus sage que nous, dit l'abeille ; nous seules avons des lois et une république bien policée ; nous ne cueillons que des fleurs odoriférantes ; nous ne faisons que du miel délicieux, qui égale le nectar. Ôte-toi de ma présence, vilaine mouche importune, qui ne fais que bourdonner et chercher ta vie sur les ordures. Nous vivons comme nous pouvons, répondit la mouche : la pauvreté n'est pas un vice ; mais la colère en est un grand. Vous faites du miel qui est doux, mais votre cœur est toujours amer : vous êtes sages dans vos lois, mais emportées dans votre conduite. Votre colère, qui pique vos ennemis, vous donne la mort, et votre folle cruauté vous fait plus de mal qu'à personne. Il vaut mieux avoir des qualités moins éclatantes avec plus de modération.

L'Ourse et le petit Ours.

Une ourse avait un petit ours qui venait de naître. Il était horriblement laid. On ne reconnaissait en lui aucune figure d'animal : c'était une masse informe et hideuse. L'ourse, toute honteuse d'avoir un tel fils, va trouver sa voisine la corneille, qui faisait grand bruit par son caquet sur un arbre. Que ferai-je, lui dit-elle, ma bonne commère, de ce petit monstre ? J'ai envie de l'étrangler. Gardez-vous-en bien, dit la causeuse : j'ai vu d'autres ourses dans le même embarras que vous. Allez, léchez doucement votre fils, il sera bientôt joli, mignon et propre à vous faire honneur. La mère crut facilement ce qu'on lui disait en faveur de son fils. Elle eut la patience de le lécher long-temps. Enfin il commença à être moins difforme, et elle alla remercier la corneille en ces termes : Si vous n'eussiez modéré mon impatience, j'aurais cruellement déchiré mon fils, qui fait maintenant tout le plaisir ma vie.

Oh ! que l'impatience empêche de bien et cause de maux !

Fénélon donne encore une autre morale à cette fable : c'est que *la patience et l'éducation corrigent bien des défauts.*

Le Dragon et les deux Renards.

Un dragon gardait un trésor dans une profonde caverne ; il veillait jour et nuit pour le conserver. Deux renards, grands fourbes et grands voleurs de leur métier, s'insinuèrent auprès de lui par leurs flatteries. Ils devinrent ses confidents. Les gens les plus complaisants et les plus empressés ne sont pas les plus sûrs.

Ils le traitaient de grand personnage, admiraient toutes ses fantaisies, étaient toujours de son avis, et se moquaient entre eux de leur dupe. Enfin il s'endormit un jour au milieu d'eux; ils l'étranglèrent et s'emparèrent du trésor. Il fallut le partager entre eux : c'était une affaire bien difficile, car deux scélérats ne s'accordent que pour faire le mal. L'un d'eux se mit à moraliser : A quoi, dit-il, nous servira tout cet argent? Un peu de chasse nous vaudrait mieux : on ne mange point du métal ; les pistoles sont de mauvaise digestion. Les hommes sont fous d'aimer ces fausses richesses : ne soyons pas aussi insensés qu'eux. L'autre fit semblant d'être touché de ces réflexions, et assura qu'il voulait vivre en philosophe, comme Bias, portant tout son bien sur lui. Chacun fit semblant de quitter le trésor : ils se dressèrent des embûches et s'entre-déchirèrent. L'un d'eux, en mourant, dit à l'autre, qui était aussi blessé que lui : Que voulais-tu faire de cet argent? La même chose que tu voulais en faire, répondit l'autre. Un homme passant apprit leur aventure, et les trouva bien fous. Vous ne l'êtes pas moins que nous, lui dit un des renards. Vous ne sauriez, non plus que nous, vous nourrir d'argent, et vous vous tuez pour en avoir. Du moins, notre race jusqu'ici a été assez sage pour ne mettre en usage aucune monnaie. Ce que vous avez introduit chez vous pour la commodité fait votre malheur. Vous perdez les vrais biens pour chercher les biens imaginaires.

Les Abeilles.

Un jeune prince, au retour des zéphyrs, lorsque toute la nature se ranime, se promenait dans un jardin délicieux; il entendit un grand bruit, et aperçut une ruche d'abeilles. Il s'approche de ce spectacle, qui était nouveau pour lui; il voit avec étonnement l'ordre, le soin et le travail de cette petite république. Les cellules commençaient à se former et à prendre une figure régulière. Une partie des abeilles les remplissaient de leur doux nectar : les autres apportaient des fleurs qu'elles avaient choisies entre toutes les richesses du printemps. L'oisiveté et la paresse étaient bannies de ce petit état : tout y était en mouvement, mais sans confusion et sans trouble. Les plus considérables d'entre les abeilles conduisaient les autres, qui obéissaient sans murmure et sans jalousie contre celles qui étaient au-dessus d'elles. Pendant que le jeune prince admirait cet objet qu'il ne connaissait pas encore, une abeille, que toutes les autres reconnaissaient pour leur reine, s'approcha de lui, et lui dit : La vue de nos ouvrages et de notre conduite vous réjouit ; mais elle doit encore plus vous instruire. Nous ne souffrons point chez nous le désordre ni la licence : on n'est considérable parmi nous que par son travail et par les talents qui peuvent être utiles à notre république. Le mérite est la seule voie qui élève aux premières places. Nous ne nous occupons nuit et jour qu'à des choses dont les hommes retirent toute l'utilité. Puissiez-vous être un jour comme nous, et mettre dans le genre humain l'ordre que vous admirez chez nous ! Vous travaillerez par là à son bonheur et au vôtre ; vous remplirez la tâche que le destin vous a imposée : car vous ne serez au-dessus des autres que pour les protéger, que pour écarter les maux qui les menacent, que pour leur procurer tous les biens qu'ils ont droit d'attendre d'un gouvernement vigilant et paternel.

Le Lièvre qui fait le brave.

Un lièvre, honteux d'être poltron, cherchait

quelque occasion de s'aguerrir. Il allait quelquefois, par un trou d'une haie, dans les choux du jardin d'un paysan, pour s'accoutumer au bruit du village. Souvent même il passait assez près de quelques mâtins, qui se contentaient d'aboyer après lui. Au retour de ces grandes expéditions, il se croyait plus redoutable qu'Alcide après tous ses travaux. On dit même qu'il ne rentrait dans son gîte qu'avec des feuilles de laurier, et faisait l'ovation. Il vantait ses prouesses à ses compères les lièvres voisins. Il représentait les dangers qu'il avait courus, les alarmes qu'il avait données aux ennemis, les ruses de guerre qu'il avait faites en expérimenté capitaine, et surtout son intrépidité héroïque. Chaque matin il remerciait Mars et Bellone de lui avoir donné des talents et un courage pour dompter toutes les nations à longues oreilles. Jean Lapin, discourant un jour avec lui, lui dit d'un ton moqueur : Mon ami, je voudrais te voir avec cette belle fierté au milieu d'une meute de chiens courants. Hercule fuirait bien vite, et ferait une laide contenance. Moi, répondit notre preux chevalier, je ne reculerais pas quand toute la gent chienne viendrait m'attaquer. A peine eut-il parlé, qu'il entendit un petit tourne-broche d'un fermier voisin, qui glapissait dans les buissons assez loin de lui. Aussitôt il tremble, il frissonne, il a la fièvre ; ses yeux se troublent comme ceux de Pâris quand il vit Ménélas qui venait ardemment contre lui. Il se précipite d'un rocher escarpé dans une profonde vallée où il pensa se noyer dans un ruisseau. Jean Lapin, le voyant faire le saut, s'écria de son terrier : Le voilà donc ce foudre de guerre ! Le voilà cet Hercule qui doit purger la terre de tous les monstres dont elle est pleine !

Le Hibou.

Un jeune hibou qui s'était vu dans une fontaine, et qui se trouvait plus beau, je ne dis pas que le jour, car il le trouvait fort désagréable, mais que la nuit, qui avait de grands charmes pour lui, disait en lui-même : J'ai sacrifié aux Grâces ; Vénus a mis sur moi sa ceinture à ma naissance ; les tendres Amours, accompagnés des Jeux et des Ris, voltigent autour de moi pour me caresser. Il est temps que le blond Hyménée me donne des enfants gracieux comme moi ; ils seront l'ornement des bocages et les délices de la nuit. Quel dommage que la race des plus parfaits oiseaux se perdît ! Heureuse l'épouse qui passera sa vie à me voir! Dans cette pensée, il envoie la corneille demander de sa part une petite aiglonne, fille de l'aigle, roi des airs. La corneille avait peine à se charger de cette ambassade : Je serai mal reçue, disait-elle, de proposer un mariage si mal assorti. Quoi! l'aigle, qui ose regarder fixement le soleil, se marierait avec vous, qui ne sauriez seulement ouvrir les yeux tandis qu'il est jour! C'est le moyen que les deux époux ne soient jamais ensemble; l'un sortira le jour, et l'autre la nuit. Le hibou, vain et amoureux de lui-même, n'écouta rien. La corneille', pour le contenter, alla enfin demander l'aiglonne. On se moqua de sa folle demande. L'aigle lui répondit: Si le hibou veut être mon gendre, qu'il vienne après le lever du soleil me saluer au milieu de l'air. Le hibou présomptueux y voulut aller. Ses yeux furent d'abord éblouis. Il fut aveuglé par les rayons du soleil, et tomba du haut de l'air sur un rocher. Tous les oiseaux se jetèrent sur lui, et lui arrachèrent ses plumes. Il fut trop heureux de se cacher dans un trou, et d'épouser la chouette, qui fut une digne dame du lieu. Leur hymen fut célébré la nuit, et ils se trouvèrent l'un et l'autre très-beaux et très-agréables.

Il ne faut rien chercher au-dessus de soi, ni se flatter sur ses avantages.

Le Chat et les Lapins.

Un chat, qui faisait le modeste, était entré dans une garenne peuplée de lapins. Aussitôt toute la république alarmée ne songea qu'à s'enfoncer dans ses trous. Comme le nouveau venu était au guet auprès du terrier, les députés de la nation lapine, qui avaient vu ses terribles griffes, comparurent dans l'endroit le plus étroit de l'entrée du terrier, pour lui demander ce qu'il prétendait. Il protesta d'une voix douce qu'il voulait seulement étudier les mœurs de la nation; qu'en qualité de philosophe il allait dans tous les pays, pour s'informer des coutumes de chaque espèce d'animaux. Les députés, simples et crédules, retournèrent, dirent à leurs frères que cet étranger, si vénérable par son maintien modeste et par sa majestueuse fourrure, était un philosophe sobre, désintéressé, pacifique, qui voulait seulement rechercher la sagesse de pays en pays : qu'il venait de beaucoup d'autres lieux où il avait vu de grandes merveilles; qu'il y aurait bien du plaisir à l'entendre, et qu'il n'avait garde de croquer les lapins, puisqu'il croyait en bon bramin à la métempsychose, et ne mangeait d'aucun aliment qui eût eu vie. Ce beau discours toucha l'assemblée. En vain un vieux lapin rusé, qui était le docteur de la troupe, représenta combien ce grave philosophe lui était suspect · malgré lui on va saluer le bramin, qui étrangla du premier saut sept ou huit de ces pauvres gens. Les autres regagnent leurs trous, bien ef—frayés et bien honteux de leur faute. Alors don Mitis revint à l'endroit du terrier, protestant, d'un ton plein de cordialité, qu'il n'avait fait ce meurtre que malgré lui, pour son pressant be—soin ; que désormais il vivrait d'autres animaux, et ferait avec eux une alliance éternelle. Aussitôt les lapins entrèrent en négociation avec lui, sans se mettre néanmoins à la portée de ses griffes. La négociation dure, on l'amuse. Cependant un lapin des plus agiles sort par les der—rières du terrier, et va avertir un berger voisin, qui aimait à prendre dans un lac de ces lapins nourris de genièvre. Le berger, irrité contre ce chat exterminateur d'un peuple si utile, accourt au terrier avec un arc et des flèches ; il aperçoit le chat, qui n'était attentif qu'à sa proie ; il le perce d'une de ses flèches ; et le chat expirant dit ces dernières paroles : Quand on a une fois trompé, on ne peut plus être cru de personne ; on est haï, craint, et on est enfin attrapé par ses propres finesses.

Le Pigeon puni de son ingratitude.

Deux pigeons vivaient ensemble dans un colombier dans une paix profonde. Ils fendaient l'air de leurs ailes, qui paraissaient immobiles par leur rapidité. Ils se jouaient en volant l'un auprès de l'autre, se fuyant et se poursuivant tour à tour. Puis ils allaient chercher du grain dans l'aire du fermier ou dans les prairies voisines. Ensuite ils allaient se désaltérer dans l'onde pure d'un ruisseau qui coulait au travers de ces prés fleuris. De là ils revenaient voir leurs pénates dans le colombier blanchi et plein de petits trous : ils y passaient le temps dans une douce société avec leurs fidèles compagnes. Leurs cœurs étaient tendres ; le plumage de leurs cous était changeant et peint d'un plus grand nombre de couleurs que l'inconstante Iris. On entendait le doux murmure de ces heureux pigeons, et leur vie était délicieuse. L'un deux, se dégoûtant des plaisirs d'une vie paisible, se laissa séduire par l'ambition, et livra son esprit aux projets de la politique. Le voilà qui abandonne son ancien ami : il part, il va du côté du levant.

Il passe au-dessus de la mer Méditerranée, et vogue avec ses ailes dans les airs, comme un navire avec ses voiles sur les ondes de Téthys. Il arrive à Alexandrie; de là il continue son chemin, traversant les terres jusqu'à Alep. En y arrivant, il salue les autres pigeons de la contrée qui servent de courriers réglés, et il envie leur bonheur. Aussitôt il se répand parmi eux un bruit, qu'il est venu un étranger de leur nation, qui a traversé des pays immenses. Il est mis au rang des courriers : il porte toutes les semaines les lettres d'un bacha attachées à son pied, et il fait vingt-huit lieues en moins d'une journée. Il est orgueilleux de porter les secrets de l'état, et il a pitié de son ancien compagnon, qui vit sans gloire dans les trous de son colombier. Mais un jour, comme il portait des lettres du bacha soupçonné d'infidélité par le grand seigneur, on voulut découvrir par les lettres de ce bacha s'il n'avait point d'intelligence secrète avec le roi de Perse : une flèche tirée perce le pauvre pigeon, qui, d'une aile traînante, se soutient encore un peu, pendant que son sang coule. Enfin il tombe, et les ténèbres de la mort couvrent déjà ses yeux : pendant qu'on lui ôte ses lettres pour les lire, il expire plein de douleur, condamnant sa vaine ambition et regret

tant le doux repos de son colombier, où il
pouvait vivre en sûreté avec son ami.

LE ROSSIGNOL ET LA FAUVETTE.

Sur les bords toujours verts du fleuve Alphée,
il y a un bocage sacré où trois naïades répandent
à grand bruit leurs eaux claires et arrosent les
fleurs naissantes : les Grâces y vont souvent se
baigner. Les arbres de ce bocage ne sont jamais
agités par les vents, qui les respectent ; ils sont
seulement caressés par le souffle des doux zéphyrs. Les nymphes et les faunes y font la nuit
des danses au son de la flûte de Pan. Le soleil
ne saurait percer de ses rayons l'ombre épaisse
que forment les rameaux entrelacés de ce bocage. Le silence, l'obscurité et la délicieuse
fraîcheur y règnent le jour comme la nuit. Sous
ce feuillage on entend Philomèle qui chante
d'une voix plaintive et mélodieuse ses anciens
malheurs dont elle n'est pas encore consolée.
Une jeune fauvette, au contraire, y chante ses
plaisirs, et elle annonce le printemps à tous les
bergers d'alentour. Philomèle même est jalouse
des chansons tendres de sa compagne. Un jour
elles aperçurent un jeune berger qu'elles n'a-
vaient point encore vu dans ces bois ; il leur

parut gracieux, noble, aimant les muses et l'harmonie : elles crurent que c'était Apollon tel qu'il fut autrefois chez le roi Admète, ou du moins quelque jeune héros du sang de ce dieu. Les deux oiseaux, inspirés par les muses, commencèrent aussitôt à chanter ainsi :

Quel est donc ce berger ou ce dieu inconnu qui vient orner notre bocage? Il est sensible à nos chansons; il aime la poésie, elle adoucira son cœur, et le rendra aussi aimable qu'il est fier.

Alors Philomèle continua seule :

Que ce jeune héros croisse en vertu, comme une fleur que le printemps fait éclore! Qu'il aime les doux jeux de l'esprit! que les grâces soient sur ses lèvres! que la sagesse de Minerve règne dans son cœur!

La fauvette lui répondit :

Qu'il égale Orphée par les charmes de sa voix, et Hercule par ses hauts faits! Qu'il porte dans son cœur l'audace d'Achille, sans en avoir la férocité! Qu'il soit bon, qu'il soit sage, bienfaisant, tendre pour les hommes et aimé d'eux! Que les muses fassent naitre en lui toutes les vertus!

Puis les deux oiseaux inspirés reprirent ensemble :

Il aime nos douces chansons ; elles entrent dans son cœur, comme la rosée tombe dans nos gazons brûlés par le soleil. Que les dieux le modèrent et le rendent toujours fortuné ! Qu'il tienne en sa main la corne d'abondance ! Que l'âge d'or revienne par lui ! Que la sagesse se répande de son cœur sur tous les mortels ! et que les fleurs naissent sous ses pas !

Pendant qu'elles chantaient, les zéphyrs retinrent leurs haleines ; toutes les fleurs du bocage s'épanouirent ; les ruisseaux formés par les trois fontaines suspendirent leur cours ; les satyres et les faunes, pour mieux écouter, dressaient leurs oreilles aiguës ; Echo redisait ces belles paroles à tous les rochers d'alentour ; et toutes les dryades sortirent du sein des arbres verts pour admirer celui que Philomèle et sa compagne venaient de chanter.

Les deux Souris.

Une souris, ennuyée de vivre dans les périls et dans les alarmes à cause de Mitis et de Rodilardus, qui faisaient grand carnage de la nation souriquoise, appela sa commère, qui était dans un trou de son voisinage. Il m'est venu, lui dit-elle, une bonne pensée. J'ai lu dans certains livres, que je rongeais ces jours passés, qu'il y a un beau pays nommé les Indes, où notre peuple est mieux traité et plus en sûreté qu'ici. En ce pays-là, les sages croient que l'âme d'une souris a été autrefois l'âme d'un grand capitaine, d'un roi, d'un merveilleux fakir, et qu'elle pourra, après la mort de la souris, entrer dans le corps de quelque belle dame ou de quelque grand potentat. Si je m'en souviens bien, cela s'appelle métempsycose. Dans cette opinion, ils traitent tous les animaux avec une charité fraternelle: on voit des hôpitaux de souris, qu'on met en pension, et qu'on nourrit comme personnes importantes. Allons, ma sœur, partons pour un si beau pays, où la police est si bonne, et où l'on fait justice à notre mérite. La commère lui répondit: Mais, ma sœur, n'y a t-il pās des chats qui entrent dans ces hôpitaux ? Si cela était, ils fe-

raient en peu de temps bien des métempsycoses:
un coup de dent ou de griffe ferait un roi ou
un fakir; merveille dont nous nous passerions
très-bien. Ne craignez point cela, dit la première; l'ordre est parfait dans ce pays-là : les
chats ont leurs maisons comme nous les nôtres,
et ils ont aussi leurs hôpitaux d'invalides, qui
sont à part. Sur cette conversation, nos deux
souris partent ensemble; elles s'embarquent
dans un vaisseau qui allait faire un voyage de
long cours, en se coulant le long des cordages
le soir de la veille de l'embarquement. On part;
elles sont ravies de se voir sur la mer, loin des
terres maudites où les chats exerçaient leur
tyrannie. La navigation fut heureuse; elles
arrivèrent à Surate, non pour amasser des richesses, mais pour se faire bien traiter des
Indous. A peine furent-elles entrées dans une
maison destinée aux souris, qu'elles y voulu-
rent avoir les premières places. L'une prétendait se souvenir d'avoir été autrefois un fameux
bramin sur la côte de Malabar, l'autre protes-
tait qu'elle avait été une belle dame du même
pays avec de longues oreilles. Elles firent tant
les insolentes, que les souris indiennes ne pu-
rent les souffrir. Voilà une guerre civile. On
donna sans quartier sur ces deux Frangis qui

voulaient faire la loi aux autres ; au lieu d'être mangées par les chats, elles furent étranglées par leurs propres sœurs.

On a beau aller loin pour éviter le péril ; si on n'est modeste et sensé, on va chercher son malheur bien loin : autant vaudrait le trouver chez soi.

L'Assemblée des animaux pour choisir un roi.

Le lion étant mort, tous les animaux accoururent dans son antre pour consoler la lionne sa veuve, qui faisait retentir de ses cris les montagnes et les forêts. Après lui avoir fait leurs compliments, ils commencèrent l'élection d'un roi : la couronne du défunt était au milieu de l'assemblée. Le lionceau était trop jeune et trop faible pour obtenir la royauté sur tant de fiers animaux. Laissez-moi croître, disait-il, je saurai bien régner et me faire craindre à mon tour. En attendant, je veux étudier l'histoire des belles actions de mon père, pour égaler un jour sa gloire. Pour moi, dit le léopard, je prétends être couronné ; car je ressemble plus au lion que tous les autres prétendants. Et moi,

dit l'ours, je soutiens qu'on m'avait fait une injustice quand on me préféra le lion: je suis fort,
courageux, carnassier, tout autaut que lui; et
j'ai un avantage singulier, qui est de grimper
sur les arbres. Je vous laisse à juger, messieurs,
dit l'éléphant, si quelqu'un peut me disputer
la gloire d'être le plus grand, le plus fort et
le plus brave de tous les animaux. Je suis le
plus noble et le plus beau, dit le cheval. Et
moi le plus fin, dit le renard. Et moi le plus
léger à la course, dit le cerf. Où trouverez-vous,
dit le singe, un roi plus agréable et plus ingénieux que moi? Je divertirai chaque jour mes
sujets. Je ressemble même à l'homme, qui est
le véritable roi de la nature. Le perroquet alors
harangua ainsi: Puisque tu te vantes de res-
sembler à l'homme, je puis m'en vanter aussi.
Tu ne lui ressembles que par ton laid visage et
par quelques grimaces ridicules: pour moi, je
lui ressemble par la voix, qui est la marque de
la raison et le plus bel ornement de l'homme.
Tais-toi, maudit causeur, lui répondit le singe:
tu parles, mais non pas comme l'homme; tu
dis toujours la même chose, sans entendre ce
que tu dis. L'assemblée se moqua de ces deux
mauvais copistes de l'homme, et on donna la
couronne à l'éléphant, parce qu'il a la force et

la sagesse, sans avoir ni la cruauté des bêtes furieuses, ni la sotte vanité de tant d'autres qui veulent toujours paraître ce qu'elles ne sont pas.

Le Singe.

Un vieux singe malin étant mort, son ombre descendit dans la sombre demeure de Pluton, où elle demanda à retourner parmi les vivants. Pluton voulait la renvoyer dans le corps d'un âne pesant et stupide, pour lui ôter sa souplesse, sa vivacité et sa malice : mais elle fit tant de tours plaisants et badins, que l'inflexible roi des enfers ne put s'empêcher de rire, et lui laissa le choix d'une condition. Elle demanda à entrer dans le corps d'un perroquet. Au moins, disait-elle, je conserverai par là quelque ressemblance avec les hommes, que j'ai si longtemps imités. Étant singe, je faisais des gestes comme eux ; étant perroquet, je parlerai avec eux dans les plus agréables conversations. A peine l'âme du singe fut-elle introduite dans ce nouveau corps, qu'une vieille femme causeuse l'acheta. Il fit ses délices : elle le mit dans une belle cage. Il faisait bonne chère, et discourait toute la journée avec

la vieille radoteuse, qui ne parlait pas plus sensément que lui. Il joignait à son nouveau talent
d'étourdir tout le monde je ne sais quoi de son
ancienne profession. Il remuait sa tête ridiculement; il faisait craquer son bec; il agitait ses
ailes de cent façons, et faisait de ses pattes plusieur tours qui sentaient encore les grimaces de
Fagotin. La vieille prenait à toute heure ses lunettes pour l'admirer. Elle était bien fâchée d'être
un peu sourde, et de perdre quelquefois des paroles de son perroquet, à qui elle trouvait plus
d'esprit qu'à personne. Ce perroquet gâté devint
bavard, importun et fou. Il se tourmenta si fort
dans sa cage, et but tant de vin avec la vieille,
qu'il en mourut. Le voilà revenu devant Pluton,
qui voulut cette fois le faire passer dans le corps
d'un poisson pour le rendre muet : mais il fit encore une farce devant le roi des ombres, et les
princes ne résistent guère aux demandes des
mauvais plaisants qui les flattent. Pluton accorda
donc à celui-ci qu'il irait dans le corps d'un
homme. Mais, comme le dieu eut honte de l'envoyer dans le corps d'un homme sage et vertueux, il le destina au corps d'un harangueur ennuyeux et importun, qui mentait, qui se vantait
sans cesse, qui faisait des gestes ridicules, qui
se moquait de tout le monde, qui interrompait

toutes les conversations les plus polies et les plus solides pour dire des riens ou les sottises les plus grossières. Mercure, qui le reconnut dans ce nouvel état, lui dit en riant : Ho! ho! je te reconnais; tu n'es qu'un composé du singe et du perroquet que j'ai vus autrefois. Qui t'ôterait tes gestes et tes paroles apprises par cœur sans jugement, ne laisserait rien de toi. D'un joli singe et d'un bon perroquet, on n'en fait qu'un sot homme.

Oh! combien d'hommes dans le monde, avec des gestes façonnés, un petit caquet et un air capable, n'ont ni sens ni conduite !

Le jeune Bacchus et le Faune.

Un jour le jeune Bacchus, que Silène instruisait, cherchait les muses dans un bocage dont le silence n'était troublé que par le bruit des fontaines et par le chant des oiseaux. Le soleil, avec ses rayons, n'en pouvait percer la sombre verdure. L'enfant de Sémélé, pour étudier la langue des dieux, s'assit dans un coin, au pied d'un vieux chêne, du tronc duquel plusieurs hommes de l'âge d'or étaient nés. Il avait même autrefois rendu des oracles, et le temps n'avait osé l'abattre de sa tranchante faux. Auprès de ce chêne sacré et antique se cachait un jeune faune, qui prêtait l'oreille aux vers que chantait l'enfant, et qui marquait à Silène, par un ris moqueur, toutes les fautes que faisait son disciple. Aussitôt les naïades et les autres nymphes du bois souriaient aussi. Le critique était jeune, gracieux et folâtre ; sa tête était couronnée de lierre, de pampre, ses tempes étaient ornées de grappes de raisin ; de son épaule gauche pendait sur son côté droit, en écharpe, un feston de lierre : et le jeune Bacchus se plaisait à voir ces feuilles consacrées à sa divinité. Le faune était enveloppé au-dessous de la ceinture par la dépouille affreuse et hérissée d'une jeune lionne qu'il avait tuée dans les forêts. Il tenait dans sa main une houlette courbée et noueuse. Sa queue paraissait derrière comme se jouant sur son dos. Mais comme Bacchus ne pouvait souffrir un rieur malin, toujours prêt à se moquer de ses expressions, si elles n'étaient pures et élégantes, il lui dit d'un ton fier et impatient : Comment oses-tu te moquer du fils de Jupiter ? Le faune répondit sans s'émouvoir : Hé ! comment le fils de Jupiter ose-t-il faire quelque faute ?

Les Abeilles et les Vers à soie.

Un jour des abeilles montèrent jusque dans l'Olympe au pied du trône de Jupiter, pour le prier d'avoir égard au soin qu'elles avaient pris de son enfance quand elles le nourrirent de leur miel sur le mont Ida. Jupiter voulut leur accorder les premiers honneurs entre tous les petits animaux. Minerve, qui préside aux arts, lui représenta qu'il y avait une autre espèce qui disputait aux abeilles la gloire des inventions utiles. Jupiter voulut en savoir le nom. Ce sont les vers à soie, répondit-elle. Aussitôt le père des dieux ordonna à Mercure de faire venir sur les ailes des doux zéphyrs les députés de ce petit peuple, afin qu'on pût entendre les raisons des deux partis. L'abeille, ambassadrice de sa nation, représenta la douceur du miel, qui est le nectar des hommes, son utilité, l'artifice avec lequel il est composé : puis elle vanta la sagesse des lois qui policent la république volante des abeilles. Nulle autre espèce d'animaux, disait l'orateur, n'a cette gloire, et c'est une récompense d'avoir nourri dans un antre le père des dieux. De plus, nous avons en partage la valeur guerrière, quand notre roi anime nos troupes dans les combats. Comment est-ce que ces vers, insectes vils et méprisables, oseraient nous disputer le premier rang? Ils ne savent que ramper, pendant que nous prenons un noble essor, et que de nos ailes dorées nous montons jusque vers les astres. Le harangueur des vers à soie répondit : Nous ne sommes que de petits vers, et nous n'avons ni ce grand courage pour la guerre, ni ces sages lois; mais chacun de nous montre les merveilles de la nature, et se consume dans un travail utile. Sans lois, nous vivons en paix, et on ne voit jamais de guerres civiles chez nous, pendant que les abeilles s'entre-tuent à chaque changement de roi. Nous avons la vertu de Protée pour changer de forme. Tantôt nous sommes de petits vers composés de onze petits anneaux entrelacés avec la variété des plus vives couleurs qu'on admire dans les fleurs d'un parterre. Ensuite nous filons de quoi vêtir les hommes les plus magnifiques jusque sur le trône, et de quoi orner les temples des dieux. Cette parure si belle et si durable vaut bien du miel, qui se corrompt bientôt. Enfin nous nous transformons en fève qui sent, qui se meut, et qui montre toujours de la vie. Après ces prodiges, nous devenons tout à coup

des papillons avec l'éclat des plus vives couleurs.
C'est alors que nous ne le cédons plus aux abeilles pour nous élever d'un vol hardi jusque vers
l'Olympe. Jugez maintenant, ô père des dieux.
Jupiter, embarrassé pour la décision, déclara
enfin que les abeilles tiendraient le premier rang,
à cause des droits qu'elles avaient acquis depuis
les anciens temps. Quel moyen, dit-il, de les
dégrader? Je leur ai trop d'obligation ; mais je
crois que les hommes doivent encore plus aux
vers à soie.

Les deux Lionceaux.

Deux lionceaux avaient été nourris ensemble
dans la même forêt; ils étaient de même âge, de
même taille, de même force. L'un fut pris dans
de grands filets à une chasse du grand Mogol;
l'autre demeura dans les montagnes escarpées.
Celui qu'on avait pris fut mené à la cour, où il
vivait dans les délices : on lui donnait chaque
jour une gazelle à manger ; il n'avait qu'à dor-
mir dans une loge où on avait soin de le faire
coucher mollement. Un eunuque blanc avait

soin de peigner deux fois par jour sa longue crinière dorée. Comme il était apprivoisé, le roi même le caressait souvent. Il était gras, poli, de bonne mine, et magnifique; car il portait un collier d'or, et on lui mettait aux oreilles des pendants garnis de perles et de diamants. Il méprisait tous les autres lions qui étaient dans les loges voisines, moins belles que la sienne, et qui n'étaient pas en faveur comme lui. Ces prospérités lui enflèrent le cœur ; il crut être un grand personnage, puisqu'on le traitait si honorablement. La cour où il brillait lui donna le goût de l'ambition ; il s'imaginait qu'il aurait été un héros s'il eût habité les forêts. Un jour, comme on ne l'attachait plus à sa chaîne, il s'enfuit du palais et retourna dans le pays où il avait été nourri. Alors le roi de toute la nation lionne venait de mourir, et on avait assemblé les états pour lui choisir un successeur. Parmi beaucoup de prétendants, il y en avait un qui effaçait tous les autres par sa fierté et par son audace ; c'était cet autre lionceau qui n'avait point quitté les déserts. Pendant que son compagnon avait fait fortune à la cour, le solitaire avait souvent aiguisé son courage par une cruelle faim : il était accoutumé à ne se nourrir qu'au travers des plus grands périls et par des carnages ; il déchirait et troupeaux et bergers. Il était maigre, hérissé, hideux : le feu et le sang sortaient de ses yeux ; il était léger, nerveux, accoutumé à grimper et à s'élancer, intrépide contre les épieux et les dards Les deux anciens compagnons demandèrent le combat, pour décider qui régnerait. Mais une vieille lionne sage et expérimentée dont toute la république respectait les conseils, fut d'avis de mettre sur le trône celui qui avait étudié la politique à la cour. Bien des gens murmuraient, disant qu'elle voulait qu'on préférât un personnage vain et volupteux à un guerrier qui avait appris dans la fatigue et dans les périls à soutenir les grandes affaires. Cependant l'autorité de la vieille lionne prévalut : on mit sur le trône le lion de la cour. D'abord il s'amollit dans les plaisirs ; il n'aima que le faste ; il usait de souplesse et de ruse pour cacher sa cruauté et sa tyrannie. Bientôt il fut haï, méprisé, détesté. Alors la vieille lionne dit : « Il est temps de le détrôner. Je savais bien qu'il était indigne d'être roi ; mais je voulais que vous en eussiez un gâté par la mollesse et par la politique, pour vous mieux faire sentir ensuite le prix d'un autre qui a mérité la royauté par sa patience et par sa valeur. C'est maintenant qu'il faut les faire combattre l'un contre l'autre. » Aussitôt on les mit

dans un champ clos, où les deux champions ser-
virent de spectacle à l'assemblée ; mais le spectacle ne fut pas long ; le lion amolli tremblait et
n'osait se présenter à l'autre ; il fuit honteuse-
ment et se cache, l'autre le poursuit et lui insulte. Tous s'écrièrent : « Il faut l'égorger et le
mettre en pièces. Non, non, répondit-il ; quand
on a un ennemi si lâche, il y aurait de la lâcheté
à le craindre. Je veux qu'il vive : il ne mérite pas
de mourir. Je saurai bien régner sans être embarrassé de le tenir soumis. » En effet, le vigoureux lion régna avec sagesse et autorité. L'autre
fut très-content de lui faire bassement sa cour,
d'obtenir de lui quelques morceaux de chair,
et de passer sa vie dans une oisiveté honteuse.

LEÇONS MORALES

DE FÉNÉLON.

—

I.

Qu'il y a une première puissance, source de tout bien et de toute lumière.

Il est une première puissance qui a formé le ciel et la terre; lumière infinie et immuable, elle se donne à tous sans se partager; vérité souveraine et universelle, elle éclaire tous les esprits, comme le soleil éclaire tous les corps. Celui qui n'a pas vu cette lumière est aveugle comme un aveugle-né : il passe sa vie dans une profonde nuit comme les peuples que le soleil n'éclaire point pendant plusieurs mois de l'année : il croit être sage, il est insensé; il croit tout voir, et il ne voit rien; il meurt n'ayant jamais rien vu; tout au plus il aperçoit de sombres et fausses lueurs, de vaines ombres, des fantômes qui n'ont rien de réel. Ainsi sont tous les hommes entrainés par les plaisirs des sens et par le charme de l'imagination. Il n'y a point sur la terre de véritables hommes, excepté ceux qui consultent, qui aiment, qui suivent cette raison éternelle; c'est elle qui nous inspire quand nous pensons bien ; c'est elle qui nous reprend quand nous pensons mal. Nous ne tenons pas moins d'elle la raison que la vie. Elle est un grand océan de lumière : nos esprits sont comme de petits ruisseaux qui en sortent, et qui y retournent pour s'y perdre.

II.

Puissance des Dieux.

Croyez-vous que votre vie soit abandonnée aux vents et aux flots? croyez-vous qu'ils puissent vous faire périr sans l'ordre des dieux? Non, non; les dieux décident de tout. C'est donc les dieux et non pas la mer qu'il faut craindre. Fussiez-vous au fond des abîmes, la main de Jupiter pourrait vous en tirer. Fussiez-vous dans l'olympe, voyant les astres sous vos pieds, Jupiter pourrait vous plonger dans l'abîme, ou vous précipiter dans les flammes du noir Tartare.

III.

Grandeur des Dieux, néant des choses créées.

Du haut de l'éclatant olympe, les immortels aperçoivent les astres qui roulent sous leurs pieds ; ils voient le globe de la terre comme un petit amas de boue ; les mers immenses ne leur paraissent que comme des gouttes d'eau dont ce morceau de boue est un peu détrempé ; les plus grands royaumes ne sont à leurs yeux qu'un peu de sable qui couvre la surface de cette boue ; les peuples innombrables et les plus puissantes armées ne sont que comme des fourmis qui se disputent les unes aux autres un brin d'herbe sur ce morceau de boue. Les immortels rient des affaires les plus sérieuses qui agitent les faibles humains, et leur paraissent des jeux d'enfants. Ce que les hommes appellent grandeur, gloire, puissance, profonde politique, ne paraît à ces suprêmes divinités que misère et faiblesse. C'est dans cette demeure si élevée au-dessus de la terre que Jupiter a posé son trône immobile. Ses yeux percent jusque dans l'abîme, et éclairent jusque dans les replis des cœurs ; ses regards doux et sereins répandent le calme et la joie dans tout l'univers ; au contraire, quand il secoue sa chevelure, il ébranle le ciel et la terre. Les dieux mêmes, éblouis des rayons de gloire qui l'environnent, ne s'en approchent qu'avec tremblement.

IV.

Qu'il n'y a point de véritable vertu sans le respect et l'amour des Dieux.

« Je n'ai fait aucun mal, disait-il pour s'excuser ; j'ai mis tout mon plaisir à faire du bien ; j'ai été magnifique, libéral, juste, compatissant : que peut-on donc me reprocher ?... » On ne te reproche rien à l'égard des hommes ; mais ne devais-tu pas moins aux hommes qu'aux dieux ? Quelle est donc cette justice dont tu te vantes ? Tu n'as jamais manqué à aucun devoir envers les hommes, qui ne sont rien : tu as été vertueux ; mais tu as rapporté toute ta vertu à toi-même, et non aux dieux, qui te l'avaient donnée, car tu voulais jouir du fruit de ta propre vertu, et te renfermer en toi-même. Tu as été ta divinité. Mais les dieux, qui ont tout fait, et n'ont rien fait que pour eux-mêmes, ne peuvent renoncer à leurs droits : tu les as oubliés, ils t'oublieront ; ils te livreront à toi-même, puisque tu as voulu être à toi et non pas à eux. Cherche donc maintenant, si tu le peux, ta consolation dans ton propre cœur. Te voilà à jamais séparé des hommes auxquels tu voulais plaire. Te voilà seul avec toi-même, qui es ton idole : apprends qu'il n'y a point de véritables vertus sans le respect et l'amour des dieux, à qui tout est dû. Ta fausse vertu, qui a longtemps ébloui les hommes faciles à tromper, va être confondue. Les hommes, ne jugeant des vices et des vertus que par ce qui les choque ou les accommode, sont aveugles et sur le bien et sur le mal ; ici une lumière divine renverse tous leurs jugements superficiels ; elle condamne souvent ce qu'ils admirent, et justifie ce qu'ils condamnent. A ces mots ce philosophe, comme frappé d'un coup de foudre, ne pouvait se supporter soi-même. La complaisance qu'il avait eue autrefois à contempler sa modération, son courage et ses inclinations généreuses, se change en désespoir. La vue de son propre cœur, ennemi des dieux, devient son supplice : il se voit, et ne peut cesser de se voir ; il voit la vanité des jugements des hommes, auxquels il a voulu plaire dans toutes ses actions. Il se fait une ré-

volution universelle de tout ce qui est au dedans de lui, comme si on bouleversait toutes
ses entrailles : il ne se trouve plus le même;
tout appui lui manque dans son cœur; sa conscience, dont le témoignage lui avait été si
doux, s'élève contre lui, et lui reproche amè-
rement l'égarement, l'illusion de toutes ses vertus, qui n'ont point eu le culte de la divinité pour
principe et pour fin ; il est troublé, consterné,
plein de honte, de remords et de désespoir.
Les furies ne le tourmentent point, parce qu'il
leur suffit de l'avoir livré à lui-même, et que
son propre cœur venge assez les dieux mépri-
sés. Il cherche les lieux les plus sombres pour
se cacher aux autres morts, ne pouvant se cacher à lui-même : il cherche les ténèbres, et
ne peut les trouver; une lumière importune le
suit partout ; partout les rayons perçants de la
vérité vont venger la vérité, qu'il a négligé de
suivre. Tout ce qu'il a aimé lui devient odieux,
comme étant la source de ses maux, qui ne peuvent jamais finir. Il dit en lui-même : « O insensé! je n'ai donc connu ni les dieux, ni les
hommes, ni moi-même? Non, je n'ai rien
connu, puisque je n'ai jamais aimé l'unique et
véritable bien : tous mes pas ont été des éga-
rements; ma sagesse n'était que folie; ma vertu

n'était qu'un orgueil impie et aveugle : j'étais moi-même mon idole. »

V.

Nécessité de réprimer une curiosité téméraire sur ce que les Dieux ont voulu nous cacher.

Respectez ce que les dieux découvrent, et n'entreprenez pas de découvrir ce qu'ils veulent cacher. Une curiosité téméraire mérite d'être confondue. C'est par une sagesse pleine de bonté que les dieux cachent aux faibles hommes leurs destinées dans une nuit impénétrable. Il est utile de prévoir ce qui dépend de nous pour le bien faire ; mais il n'est pas moins utile d'ignorer ce qui ne dépend pas de nos soins, et ce que les dieux ont voulu faire de nous.

VI.

Que les hommes ne sont qu'une seule et grande famille.

Tout le genre humain n'est qu'une famille dispersée sur la face de toute la terre ; tous les peuples sont frères, et doivent s'aimer comme tels. Sous divers noms et divers chefs, ils ne devraient être qu'un seul peuple. C'est ainsi que les justes dieux, amateurs des hommes qu'ils ont formés, veulent être le lien éternel de leur parfaite concorde. Malheur à ces impies qui cherchent une gloire cruelle dans le sang de leurs frères, qui est leur propre sang ! La guerre est quelquefois nécessaire, il est vrai : mais c'est la honte du genre humain qu'elle soit inévitable en certaines occasions. O rois ! ne dites pas qu'on la doit désirer pour acquérir de la gloire : la vraie gloire ne se trouve point hors de l'humanité. Quiconque préfère sa propre gloire aux sentimens de l'humanité est un monstre d'orgueil, et non pas un homme : il ne parviendra même qu'à une fausse gloire : car la vraie ne se trouve que dans la modération et dans la bonté. On pourra le flatter pour contenter sa folle vanité ; mais on dira toujours de lui en secret, quand on voudra parler sincèrement : Il a d'autant moins mérité la gloire, qu'il l'a désirée avec une passion injuste : les hommes ne doivent point l'estimer, puisqu'il a si peu estimé les hommes, et qu'il a prodigué leur sang par une brutale vanité. Heureux le roi qui aime son peuple, qui en est aimé, qui se confie en ses voisins et qui a leur confiance ; qui, loin de leur faire la guerre, les empêche de l'avoir entre eux, et qui fait envier à toutes les nations étrangères le bonheur qu'ont ses sujets de l'avoir pour roi !

VII.

Rapidité du temps.

Les hommes passent comme les fleurs qui s'épanouissent le matin, et qui, le soir, sont flétries et foulées aux pieds. Les générations des hommes s'écoulent comme les ondes d'un fleuve rapide ; rien ne peut arrêter le temps, qui entraîne après lui tout ce qui paraît le plus immobile. Toi-même, ô mon fils, mon cher fils, toi-même, qui jouis maintenant d'une jeunesse si vive et si féconde en plaisirs, souviens-toi que ce bel âge n'est qu'une fleur qui sera presque aussitôt séchée qu'éclose ; tu te verras changé insensiblement ; les grâces riantes, les doux plaisirs qui t'accompagnent, la force, la santé, la joie, s'évanouiront comme un beau songe ; il ne t'en restera qu'un triste souvenir : la vieillesse languissante et ennemie des plaisirs viendra rider ton visage, courber ton corps, affaiblir tes membres, faire tarir dans ton cœur la source de la joie, te dégoûter du présent, te faire craindre l'avenir, te rendre insensible à tout, excepté à la douleur. Ce temps te paraît éloigné : hélas ! tu te trompes, mon fils ; il se hâte, le voilà qui arrive ; ce qui vient avec tant de rapidité n'est pas loin de toi ; et le présent qui s'enfuit est déjà bien loin, puisqu'il s'anéantit dans le moment où nous parlons, et ne peut plus se rapprocher. Ne compte donc jamais, mon fils, sur le présent, mais soutiens-toi dans le sentier rude et âpre de la vertu par la vue de l'avenir. Prépare-toi, par des mœurs pures et par l'amour de la justice, une place dans l'heureux séjour de la paix.

VIII.

Utilité des malheurs.

Le malheur ajoute un nouveau lustre à la gloire des grands hommes : il leur manque quelque chose quand ils n'ont jamais été malheureux : il manque dans leur vie des exemples de patience et de fermeté ; la vertu souffrante attendrit tous les cœurs qui ont quelque goût pour la vertu. Laissez-nous donc le soin de vous consoler : puisque les dieux vous mènent à nous, c'est un présent qu'ils nous font, et nous devons nous croire heureux de pouvoir adoucir vos peines.

IX.

Difficulté de quitter le mal.

Tout ce que vous voyez ici est bon et louable; mais sachez qu'on pourrait faire des choses encore meilleures. Le roi modère ses passions et s'applique à gouverner son peuple avec justice; mais il ne laisse pas de faire encore bien des fautes, qui sont des suites malheureuses de ses fautes anciennes. Quand les hommes veulent quitter le mal, le mal semble encore les poursuivre longtemps; il leur reste de mauvaises habitudes, un naturel affaibli, des erreurs invétérées, et des préventions presque incurables. Heureux ceux qui ne se sont jamais égarés! ils peuvent faire le bien plus parfaitement. Les dieux demanderont moins à ceux qui, dès leur enfance, se sont laissé entraîner au mal par inadvertance ou par faiblesse, qu'à ceux qui ont connu la vérité dès leur jeunesse et qui n'ont jamais été livrés aux séductions d'une trop grande prospérité.

X.

Que la jeunesse est le seul âge où l'homme peut encore tout sur lui-même pour se corriger.

La vieillesse n'a plus rien de souple, la longue habitude la tient comme enchaînée ; elle n'a plus de ressources contre les défauts. Semblables aux arbres dont le tronc dur et noueux s'est durci par le nombre des années, et ne peut plus se redresser, les hommes, à un certain âge, ne peuvent presque plus se plier eux-mêmes contre certaines habitudes qui ont vieilli avec eux, et qui sont entrées jusque dans la moelle de leurs os. Souvent ils les connaissent, mais trop tard ; ils gémissent en vain : la tendre jeunesse est le seul âge où l'homme peut encore tout sur lui-même pour se corriger.

XI.

Sur la jeunesse.

La jeunesse est présomptueuse, elle se promet tout d'elle-même : quoique fragile, elle croit pouvoir tout, et n'avoir jamais rien à craindre ; elle se confie légèrement et sans **précaution**.

Un jeune homme qui aime à se parer comme une femme est indigne de la sagesse et de la gloire : la gloire n'est due qu'à un cœur qui sait souffrir la peine et fouler aux pieds les plaisirs.

XII.

Que la sagesse ne consiste pas dans la fuite de tous les plaisirs.

Comme vous avez éprouvé combien la jeunesse est prompte à s'enflammer, tous les plaisirs, même les plus innocents, vous font peur. Vous êtes louable de cette crainte ; mais il ne faut pas la pousser trop loin. Personne ne souhaite jamais plus que moi que vous goûtiez des plaisirs, mais des plaisirs qui ne vous passionnent ni ne vous amollissent point. Il vous faut des plaisirs qui vous délassent et que vous goûtiez en vous possédant, mais non pas des plaisirs qui vous entraînent. Je vous souhaite des plaisirs doux et modérés, qui ne vous ôtent point la raison, et qui ne vous rendent jamais semblable à une bête en fureur. Goûtez-les avec complaisance, réjouissez-vous. La sagesse n'a rien d'austère ni d'affecté : c'est elle qui donne les **vrais plaisirs** ; elle seule les sait assaisonner pour les rendre purs et durables ; elle sait mêler les jeux et les ris avec les occupations graves et sérieuses ; elle prépare le plaisir par le travail, et elle délasse du travail par le plaisir. La sagesse n'a point de honte de paraître enjouée quand il le faut.

XIII.

Que la sobriété est la source des plaisirs les plus purs.

Quelle honte que les hommes les plus élevés fassent consister leur grandeur dans la délicatesse des mets, par lesquels ils amollissent leur âme et ruinent insensiblement la santé de leur corps ! Ils doivent faire consister leur bonheur dans leur autorité pour faire du bien aux autres hommes et dans la réputation que leurs bonnes actions doivent leur procurer. La sobriété rend la nourriture la plus simple très-agréable. C'est elle qui donne, avec la santé la plus vigoureuse, les plaisirs les plus purs et les plus constants. Il faut donc borner ses repas aux viandes les meilleures, mais apprêtées sans aucun ragoût. C'est un art pour empoisonner les hommes, que celui d'irriter leur appétit au delà de leur vrai besoin.

XIV.

Sur l'usage du vin.

Ces peuples ne boivent point de vin ; ce n'est pas qu'ils manquent de raisins, aucune terre n'en porte de plus délicieux ; mais ils se contentent de manger le raisin comme les autres fruits, et ils craignent le vin comme le corrupteur des hommes. C'est une espèce de poison, disent-ils, qui met en fureur : il ne fait pas mourir l'homme, mais il le rend bête. Les hommes peuvent conserver leur santé et leurs forces sans vin ; avec le vin, ils courent risque de ruiner leur santé et de perdre leurs bonnes mœurs.

XV.

Que les maladies auxquelles les hommes sont exposés ne leur viennent souvent que par leur faute.

Si les hommes ont si souvent besoin de la médecine, c'est faute de vertu et de courage. C'est une honte pour les hommes, qu'ils aient tant de maladies ; car les bonnes mœurs produisent la santé. Leur intempérance change en poisons mortels les aliments destinés à conserver la vie. Les plaisirs pris sans modération abrégent plus les jours des hommes que les remèdes ne peuvent les prolonger. Les pauvres sont moins souvent malades faute de nourriture, que les riches ne le deviennent pour en prendre trop. Les aliments qui flattent trop le goût, et qui font manger au delà du besoin', empoisonnent au lieu de nourrir. Les remèdes sont eux-mêmes de véritables maux qui usent la nature, et dont il ne faut se servir que dans les pressants besoins. Le grand remède, qui est toujours innocent et toujours d'un usage utile, c'est la sobriété, c'est la tempérance dans tous les plaisirs; c'est la tranquillité de l'esprit, c'est l'exercice du corps. Par là on fait un sang doux et tempéré, et on dissipe toutes les humeurs superflues.

XVI.

Avantage de la patience et inconvénient de l'impatience.

Voyez comment les hommes sont faits : vous voilà tout désolé parce que vous avez vu votre père sans le reconnaître. Que n'eussiez-vous pas donné hier pour être assuré qu'il n'était pas mort? Aujourd'hui vous en êtes assuré par vos propres yeux, et cette assurance, qui devait vous combler de joie, vous laisse dans l'amertume. Ainsi le cœur malade des mortels compte toujours pour rien ce qu'il a le plus désiré dès qu'il le possède ; et il est ingénieux pour se tourmenter sur ce qu'il ne possède pas encore. C'est pour exercer votre patience que les dieux vous tiennent ainsi en suspens. Vous regardez ce temps comme perdu, sachez que c'est le plus utile de votre vie ; car il vous exerce dans la plus nécessaire de toutes les vertus pour ceux qui doivent commander. Il faut être patient pour devenir maître de soi et des autres : l'impatience, qui paraît une force et une vigueur de l'âme, n'est qu'une faiblesse et une impuissance de souffrir la peine. Celui qui ne sait pas attendre et souffrir est comme celui qui ne sait pas se taire sur un secret ; l'un et l'autre manquent de fermeté pour se retenir, comme un homme qui court sur un chariot, et qui n'a pas la main assez ferme pour arrêter, quand il le faut, ses coursiers fougueux ; ils n'obéissent plus au frein, ils se précipitent, et l'homme faible auquel ils échappent est brisé dans sa chute. Ainsi, l'homme impatient est entraîné par ses désirs indomptés et farouches dans un abîme de malheurs : plus sa puissance est grande, plus son impatience lui est funeste : il n'entend rien ; il ne se donne le temps de rien mesurer ; il force toutes choses pour se contenter ; il rompt les branches pour cueillir le fruit avant qu'il soit mûr ; il brise les portes plutôt que d'attendre qu'on les lui ouvre ; il veut moissonner quand le sage laboureur sème : tout ce qu'il fait à la hâte et à contre-temps est mal fait, et ne peut avoir de durée, non plus que ses désirs volages. Tels sont les projets insensés d'un homme qui croit pouvoir tout, et qui se livre à des désirs impatients pour abuser de sa puissance. C'est pour vous apprendre à être patient que les dieux exercent tant votre patience, et semblent se jouer de vous dans la vie errante où ils vous tiennent toujours incertain. Les biens que vous espérez se montrent à vous et s'enfuient comme un songe léger que le réveil fait disparaître, pour vous apprendre que les choses qu'on croit tenir dans ses mains échappent dans l'instant. Les plus sages leçons d'Ulysse ne vous seront pas aussi utiles que sa longue absence et les peines que vous souffrez en le cherchant.

XVII.

Qu'il faut mériter les louanges et les fuir.

Je vous demande comme une grâce de ne plus me donner de louanges : ce n'est pas que je ne les aime, surtout quand elles sont données par de si bons juges de la vertu, mais c'est que je crains de les aimer trop; elles corrompent les hommes, elles les remplissent d'eux-mêmes, elles les rendent vains et présomptueux. Il faut les mériter et les fuir : les meilleures louanges ressemblent aux fausses. Les plus méchants de tous les hommes, qui sont les tyrans, sont ceux qui se sont fait le plus louer par les flatteurs. Quel plaisir y a-t-il à être loué comme eux? Les bonnes louanges sont celles que vous me donnerez en mon absence, si je suis assez heureux pour en mériter. Si vous me croyez véritablement bon, vous devez croire aussi que je veux être modeste et craindre la vanité : épargnez-moi donc si vous m'estimez, et ne me louez pas comme un homme amoureux de louange.

XVIII.

Qu'on ne doit point mentir même pour sauver sa vie.

Je ne puis me résoudre à mentir : je ne saurais dire que je suis ce que je ne suis point. Les dieux voient ma sincérité; c'est à eux à conserver ma vie par leur puissance, s'ils le veulent; mais je ne veux point la sauver par un mensonge.—Mais ce mensonge n'a rien qui ne soit

innocent ; les dieux mêmes ne peuvent le con-
damner : il ne fait aucun mal à personne ; il sauve
la vie à deux innocents ; il ne trompe que pour
empêcher de faire un grand crime. Vous pous-
sez trop loin l'amour de la vertu et la crainte de
blesser la religion. — Il suffit que le mensonge
soit mensonge pour n'être pas digne d'un homme
qui parle en présence des dieux, et qui doit tout
à la vérité. Celui qui blesse la vérité offense les
dieux et se blesse soi-même, car il parle contre
sa conscience. Cessez donc de me proposer ce qui
est indigne de vous et de moi. Si les dieux ont
pitié de nous, ils sauront bien nous délivrer :
s'ils veulent nous laisser périr, nous serons, en
mourant, les victimes de la vérité, et nous lais-
serons aux hommes l'exemple de préférer la
vertu sans tache à une longue vie.

XIX.

*Que la compassion est une vertu, mais qu'il ne faut pas
la pousser trop loin.*

Si l'on ne sait pas compatir aux maux des autres, on n'a ni bonté ni vertu ; mais il ne faut
pas pousser trop loin cette compassion, ni tomber
dans une amitié faible. Jamais la mauvaise honte

et la timidité ne doivent dominer le cœur. Il faut qu'on s'accoutume à mêler le courage et la fermeté avec une amitié tendre et sensible. Il faut craindre d'affliger les hommes sans nécessité ; il faut entrer dans leurs peines quand on ne peut éviter de leur en faire, et adoucir le plus qu'on peut le coup qu'il est impossible de leur épargner entièrement.

XX.

Que la vraie liberté est fondée sur la crainte des dieux.

Le plus libre de tous les hommes est celui qui peut être libre dans l'esclavage même. En quelque pays et en quelque condition qu'on soit, on est très-libre, pourvu qu'on craigne les dieux, et qu'on ne craigne qu'eux. En un mot, l'homme véritablement libre est celui qui, dégagé de toute crainte et de tout désir, n'est soumis qu'aux dieux et à la raison.

XXI.

Que les méchants dans toutes leurs actions n'ont qu'un objet, celui de les faire servir à leur ambition.

Sachez que les méchants ne sont pas des hommes incapables de faire le bien ; ils le font indifféremment, de même que le mal, quand il peut servir à leur ambition. Le mal ne leur coûte rien à faire, parce qu'aucun sentiment de bonté ni aucun principe de vertu ne les retient ; mais aussi ils font le bien sans peine, parce que leur corruption les porte à le faire pour paraître bons et pour tromper le reste des hommes. A proprement parler, ils ne sont pas capables de la vertu, quoiqu'ils paraissent la pratiquer ; mais ils sont capables d'ajouter à tous leurs autres vices le plus horrible des vices, qui est l'hypocrisie. Tant que vous voudrez absolument faire le bien, ils seront prêts à le faire avec vous, pour conserver l'autorité ; mais, si peu qu'ils sentent en vous de facilité à vous relâcher, ils n'oublieront rien pour vous faire tomber dans l'égarement, et pour reprendre en liberté leur naturel trompeur et féroce.

XXII.

Que les hommes insolents dans la prospérité sont toujours bas et rampants dans la disgrâce.

Les hommes insolents pendant la prospérité sont toujours faibles et tremblants dans la disgrâce : la tête leur tourne aussitôt que l'autorité, les richesses ou les dignités leur échappent : on les voit aussi rampants qu'ils ont été hautains ; et c'est en un moment qu'ils passent d'une extrémité à l'autre.

XXIII.

Qu'il faut compter sur l'ingratitude des hommes : moyens de les prévenir.

Il faut compter sur l'ingratitude des hommes et ne pas se lasser de leur faire du bien : il faut les servir, moins pour l'amour d'eux que pour l'amour des dieux qui l'ordonnent. Le bien qu'on fait n'est jamais perdu : si les hommes l'oublient, les dieux s'en souviennent et le récompensent. De plus, si la multitude est ingrate, il y a toujours des hommes vertueux qui sont touchés de votre vertu. La multitude même, quoique changeante et capricieuse, ne laisse pas de faire tôt ou tard une espèce de justice à la véritable vertu. Mais voulez-vous empêcher l'ingratitude des hommes ? ne travaillez point uniquement à les rendre puissants, riches, redoutables par les armes, heureux par les plaisirs : cette gloire, cette abondance et ces délices les corrompront ; ils n'en seront que plus méchants, et par conséquent plus ingrats ; c'est leur faire un présent funeste, c'est leur offrir un poison délicieux. Mais appliquez-vous à redresser leurs mœurs, à leur inspirer la justice, la sincérité, la crainte des dieux, l'humanité, la félicité, la modération, le désintéressement. En les rendant bons, vous les empêcherez d'être ingrats, vous leur donnerez le véritable bien, qui est la vertu, et la vertu, si elle est solide, les attachera toujours à celui qui la leur aura inspirée. Ainsi, en leur donnant les véritables biens, vous vous ferez du bien à vous-même, et vous n'aurez point à craindre leur ingratitude.

XXIV.

Malheur d'être au-dessus du reste des hommes.

Oh ! qu'on est malheureux quand on est au-dessus du reste des hommes ! souvent on ne peut voir la vérité par ses propres yeux : on est environné de gens qui l'empêchent d'arriver jusqu'à celui qui commande ; chacun est inté-ressé à le tromper ; chacun, sous une apparence de zèle, cache son ambition. On fait semblant d'aimer le roi, et on n'aime que les richesses qu'il donne : on l'aime si peu, que, pour obtenir ses faveurs, on le flatte et on le trahit.

XXV.

*Que le vrai bonheur ne consiste pas dans la possession
de tout ce qu'on peut désirer.*

Voilà un homme qui n'a cherché qu'à se
rendre heureux; il a cru y parvenir par les richesses et par une autorité absolue : il possède
tout ce qu'il peut désirer ; et cependant il est
misérable par ses richesses et par son autorité
même. S'il était berger, comme je l'étais na-
guère, il serait aussi heureux que je l'ai été : il
jouirait des plaisirs innocents de la campagne,
et en jouirait sans remords; il ne craindrait ni
le fer ni le poison ; il aimerait les hommes, il en
serait aimé : il n'aurait pas ses grandes richesses,
qui sont pour lui une source d'agitation et de
peines; mais il jouirait librement des fruits de
la terre, et ne souffrirait aucun véritable besoin.
Cet homme paraît faire tout ce qu'il veut; mais
il s'en faut bien qu'il le fasse : il fait tout ce que
veulent ses passions féroces : elles l'entraînent
toujours. Il n'est pas maître de lui-même; car il
a autant de maîtres et de bourreaux qu'il a de
désirs violents.

XXVI.

Caractère du véritable homme de bien.

Une retraite honnête et tranquille, à l'abri des passions des hommes et des siennes propres, est le seul état qui convienne au vrai philosophe. Mais il faut aimer les hommes et leur faire du bien malgré leurs défauts. Il ne faut rien attendre d'eux que de l'ingratitude, et les servir sans intérêt. Vivre au milieu d'eux pour les tromper, pour les éblouir et pour en tirer de quoi contenter ses passions, c'est être le plus méchant des hommes et se préparer des malheurs qu'on mérite ; mais se tenir à l'écart, et néanmoins à portée d'instruire et de servir les hommes, c'est être une divinité bienfaisante sur la terre. La misanthropie est une vertu faible, qui est mêlée d'un chagrin de tempérament. Elle rend plus sauvage que détaché. Apre, impatiente, elle ne sait pas assez supporter le vice d'autrui; c'est un amour de soi-même, qui fait qu'on s'impatiente quand on ne peut réduire les autres au point qu'on voudrait. La philanthropie est une vertu douce, patiente et désintéressée, qui supporte le mal sans l'approuver. Elle attend les hommes;

elle ne donne rien à son goût ni à sa commodité. Elle se sert de la connaissance de sa propre faiblesse pour supporter celle d'autrui. Elle n'est jamais dupe des hommes les plus trompeurs et les plus ingrats; car elle n'espère ni ne veut rien d'eux pour son propre intérêt; elle ne leur demande rien que pour leur bien véritable. Elle ne se lasse jamais dans cette bonté désintéressée; elle imite les dieux, qui ont donné aux hommes la vie, sans avoir besoin de leur encens et de leurs victimes.

XXVII.

Quel doit être le caractère de la valeur et de la conduite d'un homme fait pour commander.

Allez au milieu des plus grands périls toutes les fois qu'il sera utile que vous y alliez. Un prince se déshonore encore plus en évitant les dangers dans les combats qu'en n'allant jamais à la guerre. Il ne faut pas que le courage de celui qui commande aux autres puisse être douteux. S'il est nécessaire à un peuple de conserver son chef et son roi, il lui est encore plus nécessaire de ne le voir point dans une réputation douteuse sur la valeur. Souvenez-vous que celui qui commande doit être le modèle de tous les autres : son exemple doit animer toute l'armée. Ne craignez donc aucun danger, et périssez dans les combats, plutôt que de faire douter de votre courage. Les flatteurs qui auront le plus d'empressement pour vous empêcher de vous exposer au péril dans les occasions nécessaires seront les premiers à dire en secret que vous manquez de cœur, s'ils vous trouvent facile à arrêter dans ces occasions. Mais aussi n'allez pas chercher les périls sans utilité. La valeur ne peut être une vertu qu'autant qu'elle est réglée par la prudence. Autrement, c'est un mépris insensé de la vie et une ardeur brutale : la valeur emportée n'a rien de sûr. Celui qui ne se possède point dans le danger est plutôt fougueux que brave ; il a besoin d'être hors de lui pour se mettre au-dessus de la crainte, parce qu'il ne peut la surmonter par la situation naturelle de son esprit. En cet état, s'il ne fuit point, du moins il se trouble ; il perd la liberté de son esprit, qui lui serait nécessaire pour donner de bons ordres, pour profiter des occasions, pour renverser les ennemis et pour servir sa patrie. S'il a toute l'ardeur d'un soldat, il n'a point le discernement d'un capitaine. Encore même n'a-t-il pas le vrai courage d'un simple soldat ; car le soldat doit conserver dans le combat la présence d'esprit et la modération nécessaires pour obéir. Celui qui s'expose témérairement trouble l'ordre de la discipline des troupes, donne un exemple de témérité, et expose souvent l'armée entière à de grands malheurs. Ceux qui préfèrent leur vaine ambition à la sûreté de la cause commune méritent des châtiments, et non des récompenses.

Gardez-vous donc bien de chercher la gloire avec impatience. Le vrai moyen de la trouver est d'attendre tranquillement l'occasion favorable. La vertu se fait d'autant plus révérer qu'elle se montre plus simple, plus modeste, plus ennemie de tout faste. C'est à mesure que la nécessité de s'exposer au péril augmente qu'il faut aussi de nouvelles ressources de prévoyance et de courage, qui aillent toujours croissant. Au reste, souvenez-vous qu'il ne faut s'attirer l'envie de personne. De votre côté, ne soyez point jaloux du succès des autres ; louez-les pour tout ce qui mérite quelque louange ; mais louez avec discernement : disant le bien avec plaisir, cachez le mal, et n'y pensez qu'avec douleur. Ne décidez point devant ces anciens capitaines qui ont toute l'expérience que vous ne pouvez avoir : écoutez-les avec déférence, consultez-les, priez les plus habiles de vous instruire ; et n'ayez point de honte d'attribuer à leurs instructions tout ce que vous ferez de meilleur. Enfin, n'écoutez jamais les discours par lesquels on voudra exciter votre défiance ou votre jalousie contre les autres chefs. Parlez-leur avec confiance et ingénuité. Si vous croyez qu'ils aient manqué à votre égard, ouvrez-leur votre cœur, expliquez-leur toutes vos raisons. S'ils sont capables de sentir la noblesse de cette conduite, vous les charmerez et tirerez d'eux tout ce que vous avez droit d'en attendre. Si, au contraire, ils ne sont pas assez raisonnables pour entrer dans vos sentiments, vous serez instruit par vous-même de ce qu'il y aura en eux d'injuste à souffrir ; vous prendrez vos mesures pour ne vous plus compromettre jusqu'à ce que la guerre finisse, et vous n'aurez rien à vous reprocher. Mais surtout ne dites jamais à certains flatteurs, qui sèment la division, les sujets de peine que vous croirez avoir contre les chefs de l'armée où vous serez.

XXVIII

Que la terre est la véritable source des richesses.

Appliquez-vous à multiplier chez vous les

richesses naturelles, qui sont les véritables : cultivez la terre pour avoir une grande abon · dance de blé, de vin, d'huile et de fruits : ayez des troupeaux innombrables, qui vous nourrissent de leur lait et qui vous couvrent de leur laine : par là vous vous mettrez en état de ne jamais craindre la pauvreté. Plus vous aurez des enfans, plus vous serez riches, pourvu que vous les rendiez laborieux ; car la terre est inépuisable, et elle augmente sa fécondité à proportion du nombre de ses habitants qui ont soin de la cultiver ; elle les paye tous libéralement de leur peine, au lieu qu'elle se rend avare et ingrate pour ceux qui la cultivent négligemment. Attachez-vous donc principalement aux véritables richesses qui satisfont aux vrais besoins de l'homme. Pour l'argent monnayé, il ne faut en faire aucun cas, qu'autant qu'il est nécessaire, ou pour les guerres inévitables qu'on a à soutenir au dehors, ou pour le commerce des marchandises nécessaires qui manquent dans votre pays ; encore serait-il à souhaiter qu'on laissât tomber le commerce à l'égard de toutes les choses qui ne servent qu'à entretenir le luxe, la vanité et la mollesse. Souvenez-vous que l'argent monnayé sera pour vous le présent le plus funeste, s'il excite l'avarice, l'ambition, le faste ; s'il en-

tretient une infinité d'arts pernicieux qui ne
vont qu'à amollir et à corrompre les mœurs ;
s'il vous dégoûte de l'heureuse simplicité, qui
fait tout le repos et toute la sûreté de la vie ;
enfin, s'il vous fait mépriser l'agriculture, qui
est le fondement de la vie humaine et la source
de tous les vrais biens.

LE JEU.

CONSEILS.

Il y a, mes enfants, une manière de jouer qui est doublement profitable à l'esprit et au corps. Cette manière consiste à prendre chaque chose en son temps. Travaillez bien, jouez encore mieux, si vous le voulez, mais qu'un exercice ne se prenne jamais aux dépens de l'autre. La gymnastique non-seulement maintient et fortifie la santé, mais souvent elle la rappelle dans un corps affaibli par la maladie, et il y a des exemples surprenants de son efficacité à cet égard.

Les jeux les plus propres à entretenir votre santé et à l'augmenter sont :

Le Saut.
La Course.
La Lutte.
Le Jeu de balle.

La Natation.
Le Volant.
Le Sabot et la Toupie.
La Corde.
Le Cerceau.
Les Barres.
Les Quilles.
Les Boules.
L'Escrime.

Il y a des enfants qui n'aiment à rire qu'en faisant pleurer, et ne peuvent s'abandonner le moindrement au jeu sans faire naître des haines, exciter des animosités, des vengeances. N'oubliez pas, mes amis, que les amusements pris en commun doivent servir à plaire en commun.

FIN.

Imprimerie Dondey-Dupré, rue Saint-Louis, 46, au Marais.